Andreas Mischnick

Gottes Heilsplan in der Altenpflege

Andreas Mischnick

Gottes Heilsplan
in der Altenpflege

Gute Nachricht für häusliche
und stationäre Pflege

Bibelstellen wurden, sofern nicht anders angegeben,
nach der Revidierten Elberfelder Bibel 2006 zitiert.

Umschlaggestaltung: joussenkarliczek, D-Schorndorf
(unter Verwendung eines Fotos von © tiefpics – photocase.com)
Satz/DTP: Jens Wirth
Druck: Schönbach-Druck, D-Erzhausen
Printed in Germany

ISBN 978-3-940188-43-4
Best.-Nr. 147443

Für kostenlose Informationen über unser umfangreiches Lieferprogramm
an christlicher Literatur, Musik und vielem mehr wenden Sie sich bitte an:

ASAPH, Postfach 2889, D-58478 Lüdenscheid
asaph@asaph.net – www.asaph.net

Vorwort von
Dr. Christoph Häselbarth

Unsere Gesellschaft ist zunehmend geprägt von alten Menschen und solchen, die pflegebedürftig werden. Ärzte und Pflegepersonal geben sich alle Mühe, die dabei auftretenden Probleme zu bewältigen. Wie sich die auf uns zurollende Kostenlawine bewältigen lässt, ist schwer zu beantworten.

Andreas Mischnick, der mit seiner Frau ein Pflegeheim mit 70 Plätzen leitet, nennt in diesem Buch Lösungswege, die man normalerweise nicht im Blick hat.

Er sagt: Gott, unser Schöpfer, hat uns nicht nur geschaffen, sondern er möchte, dass es uns bis zu unserem Lebensende gut geht. Deshalb bietet er uns an, alle unsere Lebensprobleme bei ihm abzulegen und von ihm Heilung zu empfangen. Das klingt gut, werden Sie denken, zu gut, um wahr zu sein.

Damit stellt sich die Frage, ob Sie diese Welt der göttlichen Lösungsangebote überdenken und an sich ranlassen wollen.

Andreas Mischnick macht in seinem Pflegeheim erstaunliche Erfahrungen, indem er und sein Personal Jesus, Gebet und das Wort Gottes in seine Pflege einbeziehen.

Gott sagt von sich: „Ich bin der Herr, dein Arzt" (2. Mose 15,26), und von Jesus können wir lesen: Er trug unsere Krankheiten, durch seine Wunden sind wir geheilt (Jesaja 53,4–5) Die biblischen Heilungsangebote sind für alle Menschen verfügbar, die sie im Glauben annehmen möchten. Das Buch erhält erstaunliche Lösungsvorschläge, die nicht nur für pflegebedürftige Menschen anwendbar sind. Ich meine, es ist lohnend, die in diesem Buch aufgeführten Vorschläge „auszuprobieren". Sie werden überrascht und begeistert sein.

„Ich bin kein Mensch, ich bin pflegebedürftig"

Als ich meine erste Leitung einer Pflegeeinrichtung mit über 180 Menschen antrat, habe ich am Anfang überall praktisch mitgearbeitet, um alle Arbeitsbereiche kennenzulernen. So kam es auch, dass ich den Nachtdienst begleitete. Während einer dieser Nächte mussten wir eine demente Frau, die in einem Zweibettzimmer sehr unruhig war, isolieren, indem sie in einen Raum zur besonderen Verfügung gebracht wurde. Nach einer unruhigen Nacht fragte die Schwester sie am Morgen, ob sie sich nun wieder wie ein Mensch fühlen würde. Daraufhin antwortete die Heimbewohnerin mit einem Satz, den ich nicht mehr vergessen werde und der meine Einstellung zur Betreuung und Pflege völlig veränderte. Sie sagte:

„Ich bin kein Mensch, ich bin pflegebedürftig."

DANKE

Meiner Frau Sigrid für ihre Unterstützung und Liebe für diesen Dienst. Ihre ganze Liebe und Leidenschaft gehört Jesus Christus, der uns neues Leben, echte Freude und ewige Hoffnung geschenkt hat.

Auch an meine Kinder Nadine, Tumaini, Bastian und Steffen – ihr seid die besten Kinder, die es gibt!

An das beste Pflege-, Betreuungs- und Servicepersonal für all die Ermutigung, die ich von euch erhalten habe. Ihr seid das heilsamste Team, und es ist mir ein großes Vorrecht, euer Chef zu sein.

INHALT

Sich in Pflege begeben

Haben es manche Menschen, die auf Hilfe und Pflege anderer angewiesen sind, schwer, sich in eine Pflegeeinrichtung zu begeben? Auf den ersten Blick scheint es so. Immer wieder begegne ich Menschen, denen es aufgrund ihrer Prägung, die sie im Laufe ihres Lebens mitbekommen haben, schwerfällt, auf die Hilfe anderer angewiesen zu sein. Viele sagen: *Wissen Sie, ich hatte in meinem Leben nie viel Berührung mit Krankheit oder Pflegebedürftigkeit. Ich habe mich wenig darum gekümmert. Wichtiger waren andere Dinge wie Beruf, Familie, Haus und Finanzen. Ich werde mich wohl nie mit meiner Pflegebedürftigkeit und dem Einzug in ein Pflegeheim abfinden können.*

Zu solchen Erfahrungen gesellen sich häufig Negativ-schlagzeilen aus der Presse und ein Umfeld, das mit Hilflosigkeit nicht gut umgehen kann. Es wird auch immer jemanden in der Nähe geben, der vor Pflegeeinrichtungen warnt – häufig nicht zu Unrecht, denn viele Pflegeheime wirken kalt und wenig einladend. Ganz zu schweigen von den Skandalen wie verdurstete und verhungerte Senioren, die es so auf die Titelseiten der Boulevardpresse schaffen. Angewidert von so viel Ignoranz, machen sich viele ihr Bild und wenden sich von Pflegeeinrichtungen ab.

Ein weiterer Grund, nicht in eine Pflegeeinrichtung zu gehen, ist die Angst, dass alles, was einen bisher als Person ausgemacht hat, in Frage gestellt wird. Hinzu kommt, dass landläufig die Meinung besteht, dass das Leben in einer Pflegeeinrichtung nicht besonders viel Lebensqualität verspricht und zu einer langweiligen Sache verkümmert. Ein Pflegeheim, so scheint es vielen, ist das krasse Gegenteil einer gemütlichen und sicheren Umgebung, wie sie die eigene Wohnung bietet.

Als Heimleiter habe ich mich oft gefragt: Ist das Pflegeheim am Ende eines Menschenlebens eine Frage des Geschmacks oder ein unausweichliches Schicksal, das uns ein erfülltes Lebensende versperrt? Oder gibt es für jeden Menschen, der in ein Heim ziehen muss, die Möglichkeit, ein würdevolles und erfülltes Leben bis zum Ende zu führen, auch mit körperlicher und geistiger Beeinträchtigung? Ich bin überzeugt, Letzteres ist der Fall. Dazu mehr in den folgenden Kapiteln.

„VON NIX KOMMT NIX"

„Von nix kommt nix" zählt sicher nicht zu den anspruchsvolleren Sprichwörtern, nichtsdestoweniger ist es ein sehr wahres. Sollte es zum Beispiel tatsächlich so sein, dass die Welt, in der wir leben, Pflegebedürftigkeit diskriminiert, weil Pflegebedürftige Geld kosten und für die Gesellschaft eine Belastung sind? Ist ein Kranker oder hilfsbedürftiger Mensch von Gottes Schöpfung oder von der menschlichen Wertschätzung ausgeschlossen? Ob Sie es glauben oder nicht: Hilfsbedürftigkeit steht einem erfüllten Leben auch in einer Pflegeeinrichtung nicht im Weg.

GESCHICHTEN VON ALTERSERKRANKUNGEN

Eine Tochter erzählte, dass ihre inzwischen 90-jährige Mutter Mitwisserin an einem Kindesmissbrauch durch den Vater war. Die Mutter war weder in der Lage gewesen, die Tochter vor diesem Unheil zu bewahren, noch hat sie jemals mit ihr darüber gesprochen. Die Tochter hat einen langen Heilungsprozess, der mehr als vierzig Jahre dauerte, hinter sich gebracht. Nachdem sie Heilung erfahren hatte, nahm sie sich ein Herz und sprach ihre Mutter in einer Weise, die Vergebung signalisierte, darauf an.

„Wie, hat der dich richtig rangenommen?", entgegnete ihre Mutter und schlief daraufhin im Sessel ein. Das Verdrängen und Vergessenwollen dieser Mitwisserschuld führte mehr und mehr in eine Demenz.

Eine Dame Ende siebzig kam zu uns, weil sie ihren Mann nicht mehr erkannte. Er ist für sie fremd, und sie hat Angst vor ihm, will ihn nicht bei sich haben. Eines Tages kommt die verleugnete uneheliche Tochter auf Besuch in unser Pflegeheim. Wir erfahren, dass ihre Mutter sie bei ihrer Flucht aus der DDR bei einer Tante zurückgelassen hatte. Seitdem hatte sie nie wieder Kontakt mit ihr. Die Dame leidet an extremer Vergesslichkeit. Uns wurde deutlich, dass hier eine intime Schuld über eine lange Zeit auf

15

der Seele dieser Frau lastete, die mit viel Bitternis behaftet war und letztendlich zur Pflegebedürftigkeit beitrug.

Frau A. (alle Namen/Namenskürzel wurden geändert) ist 81 Jahre. Sie hat einen Sohn, der sie hin und wieder mit seiner Frau besuchen kommt. Danach ist sie immer sehr verstört. Schon nach kurzer Zeit kann sie sich nicht mehr an den Besuch erinnern. In mehreren Gesprächen mit ihr stellt sich heraus, dass ihr Mann aus der Kriegsgefangenschaft nicht zurückgekehrt war und ihr Sohn nun das Einzige war, was sie am Leben hielt. Als der Sohn spät heiratete, lehnte sie die Schwiegertochter so extrem ab, dass ein Riss in der Familie entstand. Heute ist sie dement und leidet an einer extremen Form von Altersdepression. Sie sagt ständig, dass sie nicht mehr leben möchte, und lehnt Nahrung ab.

Herr J. spielt Querflöte. Er redet kaum und möchte nicht auf Vergangenes angesprochen werden. Seine geschiedene Frau ist ebenfalls pflegebedürftig. Er hat zwei Söhne, die weit entfernt leben und ihn selten besuchen. Wenn sie kommen, dann bringen sie teure Geschenke mit. Die Kinder konnten mit der Scheidung ihrer Eltern nicht umgehen und haben sich von beiden gelöst. Der Riss in der Familie ist spürbar. Es gibt keinen Zusammenhalt, keine Vergebung und kein Füreinanderdasein. Der hochintelligente Mann ist völlig verstummt. Er nimmt kaum etwas zu sich und möchte den ganzen Tag alleine sein, er gönnt sich nichts. Manches Mal hört man ihn einige Töne auf seiner Querflöte spielen, niemals jedoch ein ganzes Lied.

Frau Q. läuft ständig durch das ganze Pflegeheim, immer auf der Suche. Sie geht in jedes Zimmer und kommt nicht zur Ruhe. Erst spät in der Nacht schläft sie vor Erschöpfung unruhig ein. Sie ist sehr verwirrt und erkennt ihre eigene Familie nicht mehr. Ihr Mann ist vor einigen Jahren verstorben, und wir dachten, dass sie ihn vielleicht sucht. Später erfuhr ich eine erschreckende Geschichte: Der Ehemann von Frau Q. hatte wohl mehrere Affären mit anderen Frauen, die nicht verborgen blieben. Seine Frau kontrollierte ihn zwanghaft, sodass sich der ganze Ort darüber lustig machte. Sie ging ihm heimlich nach und fragte überall, wo er gewesen sei. Es gab peinliche Auftritte an ihrem Wohnort. Nur mit hochdosierten Psychopharmaka kann sie eine „Zwangsruhe" finden, die keine ist.

Frau R. war eine große Frau. Noch im Alter sah jeder, dass sie eine Schönheit gewesen sein musste. Ihre Demenz äußerte sich in wirren, oft sexuell anzüglichen Erzählungen. Bevor sie erkrankte, war sie in einer christlichen Gemeinde sehr aktiv gewesen. Niemals hat jemand dort sie so reden hören. Ihr Bruder besuchte sie fast täglich. Einmal versuchte ich, ihm entschuldigend zu sagen, dass wir häufiger beobachten, wie Menschen mit einer Demenz gewisse Schranken des Umgangs mit anderen überschreiten. Der Bruder erzählte mir daraufhin, dass er überhaupt nicht erstaunt sei über dieses Verhalten seiner Schwester. Unter Tränen berichtete er, dass sie mit sechzehn Jahren während der Flucht aus Pommern von russischen Soldaten vergewaltigt worden war. Später überlebte die Familie nur, weil seine Schwester den Soldaten im Tausch gegen Nahrungsmittel sexuell zu Willen war und damit für das Überleben der ganzen Familie sorgte. Frau R. hörte nicht auf mit ihren Anzüglichkeiten, sodass wir unsere Last mit ihr hatten. Als sie vor Kurzem starb, war es ein unruhiges und erschöpfendes Sterben.

Frau M. ist 74 Jahre. Sie wurde von Nachbarn zu uns gebracht. Sie hat keine bekannten Angehörigen und lebte zeit ihres Lebens zurückgezogen. Sie ist sehr hager und äußerst zurückhaltend. Sie äußert keine Bitte und scheint völlig anspruchslos zu sein. Jeder, der mit ihr in Berührung kommt, fühlt Mitleid mit dieser hilflosen, verhärmten Frau. Sie muss ein schweres Leben gehabt haben. Zögerlich erzählte sie mir ihre traurige Geschichte. Als Kind lief sie bei Fliegeralarm mit ihrer Mutter und allen Hausbewohnern etwa zweihundert Meter über die Straße zu einem Bunker, um Schutz zu finden. Die Angriffe wurden sehr heftig. An einem Nachmittag rannte sie mit ihrer Freundin, mit der sie vor der Haustür gespielt hatte, zu dem Bunker, als es plötzlich einen lauten Knall gab. Sie gab sich die Schuld an dem Tod ihrer Freundin, weil deren Eltern sie in ihrem Schmerz anschrien und für ihren Tod mitverantwortlich machten.

Herr V. war Witwer, 78 Jahre alt und sehr verwirrt. Bis vor einigen Jahren war er sehr aktiv und hatte auch als Presbyter sehr viel geleistet. Er war Landwirt und bewirtschaftete einen Hof. Ich kannte ihn persönlich und erinnere mich, dass er immer viel gearbeitet hat. Er war kaum zu Hause, und es schien, als ob es ohne ihn nirgends ging. Für einige Jahre hatte ich ihn aus den Augen verloren, bis er in einer Pflegeeinrichtung untergebracht wurde. Ich erkannte ihn nicht wieder. Er war körperlich fit, aber sehr verwirrt. Was mich jedoch am meisten befremdete, war, dass er sich unseren pflegebedürftigen Frauen distanzlos näherte. Wir hatten viel zu tun, um ihn davon abzuhalten und um unsere verschreckten Damen zu beruhigen. Die Schwiegertochter erzählte mir, dass einiges darauf hinweise, dass seine Ehe nicht glücklich war. Nach kurzem Aufenthalt in unserer Einrichtung verstarb Herr V. Ich kannte ihn ein halbes Leben, aber wirklich gekannt habe ich ihn nicht. Warum? Weil ich nicht sein Herz gesehen habe. Ich lernte einmal mehr, dass eine religiöse Fassade geistliche Heilung verhindern kann.

Ich erinnere mich an Frau A., die eine Kurzzeitpflege machte, aber schon nach wenigen Tagen wieder nach Hause geholt wurde. Ihre Familie betreute die pflegebedürftige Oma. Die saß im Rollstuhl und benötigte Hilfe bei allen Angelegenheiten. Nun wollte ihre Tochter einmal mit ihrer Familie Urlaub machen und suchte ein christliches Pflegeheim. Die ganze Familie ist sehr christlich eingestellt. Schon beim ersten Kontakt fiel mir eine Überbesorgtheit auf. Die Tochter war sehr unsicher, ob sie das Richtige tat. Ich ermutigte sie zu dem Urlaub mit ihrem Mann und den beiden Kindern. Das gesamte Familienleben hatte sich an der Oma ausgerichtet, und ich bemerkte bei der Tochter Symptome eines Burnout. Frau A. blieb nur zwei oder drei Tage bei uns. Sie beklagte sich bei ihrer Tochter am Telefon, dass sich keiner um sie kümmern würde. Daraufhin brach die Tochter ihren Urlaub ab und holte sie nach Hause. Später hörte ich, dass ein Kind aus der Familie in eine Klinik kam, weil es an Magersucht leidet.

Die Angehörigen von Herrn K., sein Sohn und seine polnische Schwiegertochter, drängten uns fast täglich, den Vater doch bei uns aufzunehmen. Er hatte ein Bein amputiert und litt ständig an Hautirritationen. Seit einigen Wochen plagte ihn zudem eine Augenentzündung. Außerdem – so die Kinder – sei er unausstehlich und würde das Ehepaar terrorisieren. Ein Zusammenleben war unerträglich geworden und die Pflege zu Hause nicht mehr zu leisten. Als Herr K. dann zu uns kam, hatten wir einen völlig erschöpften Mann vor uns. Nach einer intensiven Schlaftherapie kam er nach drei Tagen erholt und ausgeruht das erste Mal zum Frühstück in den Speiseraum. Gegen alle Befürchtungen, einen Tyrannen vor uns zu haben, erwies er sich als liebenswert, freundlich und sehr charmant. Die Augenentzündung war nach wenigen Tagen abgeheilt. In einem Gespräch erfuhr ich, welchen Schikanen er seitens seiner Schwiegertochter ausgesetzt war, die mit der Mentalität dieses alten Mannes nicht zurechtkam. Häufig erleben wir, dass Ablehnung der Andersartigkeit von Menschen Bitternis und Sarkasmus hervorruft und unsere Seele torpediert.

Frau K. ist dement im fortgeschrittenen Stadium. Sie erkennt ihre Familie nicht und kann sich keinem mitteilen, auch weil sie unsere Sprache nicht gelernt hat. Sie kam als ältere Frau aus Polen zu ihrem in Deutschland lebenden Sohn. Nach Auskunft der Enkelkinder hat sie sich in Deutschland nie wohl gefühlt und großes Heimweh gehabt. Ihr Sohn liebt seine Mutter sehr und holt sie, so oft es geht, nach Hause. Er kommt mit der Alterserkrankung seiner Mutter nicht klar und beschönigt das Krankheitsbild. Einmal sagte er, seine Mutter hätte Polen vergessen und freue sich, in Deutschland zu leben. Doch sie hat nicht nur Polen vergessen, sondern auch sich selbst.

Die beiden Söhne von Frau L. besuchten ihre demente Mutter eher selten. Wenn sie kamen, war ihr Benehmen ungewöhnlich playboyhaft. Sie haben beide ständig neue Partnerinnen, meist wesentlich jünger. Beide sind mehrmals verheiratet gewesen. Dass Frau L. Enkelkinder hatte, bemerkte ich erst auf ihrer Beerdigung. Sie hatten ihre Oma niemals bei uns im Heim besucht. Die Begegnung zwischen Söhnen und Mutter verlief etwas skurril, es war so, als ob sie eine Bekannte besuchten: keine Herzlichkeit, keine Umarmung, keine Fürsorglichkeit. Niemals fragten sie einen der Betreuer, wie es um die Mutter bestellt sei. Beziehungs-losigkeit, keine familiäre Bindungsfähigkeit als Ursache des Vergessens. Als sie eines Nachts verstarb, war keiner der Söhne bei ihr, obwohl wir sie frühzeitig informiert hatten. Sie ging einfach unbemerkt aus dem Leben.

Frau G. kam zu uns in einem sehr fortgeschrittenen Stadium der Demenz. Sie war bereits in einer Sterbephase. Ihre Atmung war sehr schwach, und nach einigen Wochen starb sie. Ein Sohn war beruflich und privat gut gestellt, der andere arbeitslos. Bereits beim Tod des Vaters kam es zu einem langwierigen Erbstreit, sodass beide Söhne niemals gemeinsam ihre Mutter besuchten. In der Nacht, als sie starb, rief ich beide an und bat sie, doch dabei zu sein und einen guten Abschied zu nehmen. Keiner von ihnen kam. Tage später gab es Ärger, weil wir das überzahlte Pflegegeld an-scheinend nicht zurücküberwiesen hatten. Wir hatten es kor-rekt bearbeitet, doch die Söhne stritten sich jetzt verschärft um das Erbe. Was zählte in dieser Familie? Wie konnte es sein, dass die Gier die Mutter vergessen lässt? War es ein Wunder, dass die Mutter ihre Söhne vergessen wollte und dement wurde? Frau G. wurde anonym beigesetzt.

Die Schwester von Frau H. kommt täglich, um sie zu umsorgen. Sie ist sehr dominant, und unser Personal hat eine liebe Not mit ihr. Die demente und körperlich pflege-bedürftige Frau H. ist völlig teilnahmslos und lässt alles mit sich geschehen. Es scheint, als ob sie keinen eigenen Willen hat. Sie hatte das ganze Leben mit der Schwester zusammengewohnt, beide waren unverheiratet geblieben. Ihre Schwester hatte ihr alle Entscheidungen abgenommen und sie in eine krank machende Abhängigkeit getrieben.

In unserem Heim lebte eine 92-jährige Dame. Frau F. war etwas mollig und konnte kaum laufen. Sie saß fast den ganzen Tag im Wintergarten unserer Einrichtung und strickte. Frau F. gab uns das Gefühl, auf unsere Ansprache nicht zu reagieren, indem sie uns entweder gar nicht oder aber sehr erstaunt anschaute. Wir nahmen nun an, sie sei schwerhörig. Erst später, als meine Frau sich mit ihr über das Stricken unterhalten wollte, fiel ihr auf, dass Frau F. sehr wohl alles verstanden hatte. Ich beobachtete, dass ihr Sohn, der sehr selten zu ihr kam, nach wenigen Minuten seinen Besuch abbrach. Er wirkte verärgert, weil seine Mutter ihm nicht zuhören konnte oder wollte. Groll und Ärger, das Nicht-mehr-zuhören-Wollen war die Ursache der Schwerhörigkeit. Durch Gespräche mit meiner Frau konnten wir Zugang zu ihr bekommen und behutsam auf die Verständigung mit ihrem Sohn hinwirken.

Frau R. kam mit einer schweren Depression zu uns, zunächst für eine Kurzzeitpflege. Ihr unehelicher Sohn hatte sie nach Jahren ohne Kontakt ausfindig gemacht und sie in einem völlig verwahrlosten Zustand zu uns gebracht. Schon nach wenigen Tagen änderte sich ihr Krankheitsbild und wir sahen sie sogar lächeln. Zwei Jahre lang hörten wir dann nichts mehr von ihr, bis ihr Sohn sie wieder zu uns brachte. Die Depression war zurückgekommen. Frau R. hatte mittlerweile einen künstlichen Darmausgang, die Galle war entfernt worden und sie litt nun zudem an einem Nierenkarzinom. Der Sohn berichtete unter Tränen, dass seine Mutter sich ihm nie geöffnet hat. Sie hat sich nie gefreut, ihn zu sehen, und sprach ständig davon, sterben zu wollen. Es war keine Freude in ihrem Leben übrig geblieben.

DER HEILSPLAN GOTTES IM SCHÖPFUNGSWERK

Jesus gab seinen Jüngern einen Auftrag: *Heilt Kranke, weckt Tote auf, reinigt Aussätzige, treibt Dämonen aus* (Matthäus 10,8a). Dieser Auftrag gilt heute noch genauso wie zur Zeit Jesu. Er wurde nie widerrufen.

Als Leiter einer Pflegeeinrichtung möchte ich den Auftrag Jesu und unsere Erfahrungen mit pflegebedürftigen Menschen zusammenbringen und in diesem Buch weitergeben. Mehr noch, ich möchte die gute Botschaft verbreiten, dass Pflegebedürftigkeit auch vermeidbar und heilbar sein kann. Dennoch werden Fragen offen bleiben, warum Gott einen Menschen heilt und bei einem anderen anders handelt. Als Christen haben wir den Auftrag, Kranke zu heilen, und sind zum Dienst der Nächstenliebe berufen. Aber nicht *wir* heilen, sondern Christus durch uns, deshalb liegt es auch in seiner Herrschergewalt. Wir beten um Heilung, und Jesus heilt.

Der Auftrag Jesu ist also da. Uns bleibt, ihn anzunehmen. Wenn wir das tun, werden wir geistig wachsen und eine neue Dimension in der Betreuung pflegebedürftiger Menschen erfahren. In diesem Buch will ich klarstellen, dass Heilung, so wie die Bibel sie versteht, und Heilung durch Ärzte, Medikamente, Therapien und Heilmethoden sich nicht ausschließen, sondern einander unterstützen und sich ergänzen.

Jesaja sagte: Bringt einen Feigenkuchen! Und sie brachten ihn und legten ihn auf das Geschwür. Da genas er (2. Könige 20,7).

Trinke nicht länger nur Wasser, sondern gebrauche ein wenig Wein um deines Magens und deines häufigen Unwohlseins willen! (1. Timotheus 5,23).

Wichtig ist, dass Ärzte den Heilungsprozess begleiten sollen, wenn es erforderlich ist. Kein Leser sollte Medikamente oder Therapien ohne Rücksprache mit seinem Arzt absetzen.

Als er sie sah, sagte er zu ihnen: Geht, zeigt euch den Priestern! Und während sie zu den Priestern gingen, wurden sie rein (Lukas 17,14).

Es sollte uns jedoch bewusst sein, dass alle Heilung letztlich von Gott kommt, auch wenn Medizin verwendet wird. Dieses Buch soll dazu anregen, Pflegebedürftigkeit einmal aus einem anderen Blickwinkel zu betrachten. Es werden Menschen zu Wort kommen, bei denen Pflegebedürftigkeit gemindert oder sogar geheilt wurde.

BESTANDSAUFNAHME

Ich habe als Diakon und Missionar einige Jahre eine psychiatrische Einrichtung in Afrika geleitet. Nach meiner Rückkehr wurde mir bewusst, wie viele Menschen Tabletten und Medikamente als problemlösendes Mittel bei einer Erkrankung einnehmen.

Vor einigen Wochen erschien ein Herr zur Aufnahme. Er nahm 16 Tabletten pro Tag ein. Die Senioren-Generation unserer Zeit hat zum Teil eine sehr unkritische Haltung gegenüber Medikamenten. Manchmal läuft es so oder ähnlich: In einer Familie bemerkt man, dass Oma oder Opa sich verändern. Sie werden vergesslich oder „komisch". In dieser Phase wird häufig der Hausarzt hinzugezogen. Oftmals entstehen nun zwei Problemfelder.

1. Der Hausarzt ist oft nicht auf dem neuesten Stand hinsichtlich geriatrischer Erkrankungen (Alterserkrankungen).

2. Ein Hausarzt ist durch die Euro-Gebührenordnung, eine Art Budgetierung, in seinen Ausgaben begrenzt. Deshalb hat er oftmals nicht die Mittel, eine umfangreiche medikamentöse und therapeutische Behandlung zu verordnen. Die Deckelung der Kosten durch die Krankenkassen hat also häufig zur Folge, dass wichtige Angebote wie Ergotherapie, Krankengymnastik, Logopädie usw. nicht ausreichend verschrieben werden können.

Oftmals kommt es kurz nach der Verschreibung zu einer erneuten Arztkonsultation, weil das Medikament nicht geholfen hat. Etwas einfach ausgedrückt: Es gibt ein gesundheitliches Problem. Ich gehe zum Arzt, der soll mir etwas verschreiben – und dann geht es mir besser. Warum das eben meistens nicht funktioniert, wird später deutlich.

Wir stellen heute in der Langzeitpflege fest, dass die gesamte Einstellung zu Alterserkrankungen von folgendem Denken geprägt ist: Pflegebedürftigkeit ist nicht vermeidbar, nicht behandelbar und nicht heilbar. Deshalb gehen alle medizinischen, pflegerischen und therapeutischen Angebote davon aus, dass Menschen lernen, mit Pflegebedürftigkeit zu leben. Wir finden uns damit ab, dass Menschen pflegebedürftig sind. Wir akzeptieren Pflegebedürftigkeit als Bestandteil unseres Lebens.

Früher glaubte ich, dass jeder Mensch dement werden kann, Alzheimer oder andere Alterserkrankungen, wie z. B. Schlaganfall, Herzinfarkt, Diabetes usw. bekommen kann. Wenn ich so denke, dann habe ich innerlich die Einstellung, dass es eben auch mich treffen kann. Natürlich hoffte ich, dass dieser bittere Kelch an mir vorübergehen würde. Doch wenn wir uns nun Pflegebedürftigkeit bildlich als einen Mantel vorstellen, dann hatte ich schon einen Ärmel des Mantels der Pflegebedürftigkeit angezogen und eine Alterserkrankung für mich nicht ausgeschlossen.

Letztendlich hat sich die Pflege von Senioren als Hilfe kommerzialisiert. Unsere pflegerische Betreuung ist in die Abhängigkeit von Pflegekassen, Pharmaindustrie, Ärzten, Pflegekräften und Hilfsmitteln gelangt. Einmalprodukte wie Inkontinenzprodukte, Lagerungshilfen, Rollstühle, Schnabeltassen, Bettgurte, WC-Stühle, Rollatoren, Brillen,

Hörgeräte und vieles mehr helfen bei der Pflege, werden jedoch auch kritiklos eingesetzt. So wird manches Hilfsmittel schnell zu einer psychologischen Stütze.

Einer Frau in unserer Einrichtung wurde nach einem Oberschenkelhalsbruch ein Rollator („Gehwägelchen") verschrieben. Sehr schnell wurde sie mit dessen Hilfe wieder mobil. Heute könnte sie sich selbstständig bewegen, aber sie tut keinen Schritt ohne ihren Rollator, obwohl sie dieses Hilfsmittel eigentlich nicht mehr braucht, sie ist in eine unnötige Abhängigkeit geraten. Seitens der betreuenden Pflegekräfte wird hier nichts getan, um die Bewegungsfähigkeit auf andere Weise zu erreichen.

Eine ähnliche Abhängigkeit ist auch bei der Einnahme von Medikamenten zu beobachten. Wir stellen fest, dass Senioren oft auf bestimmten Medikamenten bestehen und peinlich genau darauf achten, dass gewisse Riten der Einnahme eingehalten werden. So sind bestimmte Medikamente vor oder nach dem Essen einzunehmen oder zu ganz bestimmten Tageszeiten. Dieser Einnahmeritus führt manchmal ebenso wie das Medikament selbst zur Abhängigkeit.

Eine Bewohnerin unserer Einrichtung fährt grundsätzlich nicht mit, wenn wir Ausflüge oder Einkaufsfahrten anbieten, weil sie zu gewissen Zeiten Tropfen einnehmen „muss" und Angst hat, das zu versäumen. Eine andere Dame bleibt nach dem Frühstück so lange am Tisch sitzen, bis eine Schwester ihr Augentropfen gibt, die sie sicher schon lange nicht mehr benötigt. Aber dieses Ritual drückt bei ihr letztendlich aus: Ich bin wichtig, und jetzt kümmert sich jemand um mich.

Ich möchte noch auf ein anderes Phänomen kommen, das wir häufig beobachten. Dazu ein Beispiel: Eine Bewohnerin klagt morgens bei der Grundpflege über Schmerzen.

Auf Nachfrage, wo es denn weh tut, antwortet sie: „Na überall. Der Doktor soll doch mal kommen." Die Versuche der Schwester, die Ursache der Schmerzen zu lokalisieren, laufen ins Leere. So ruft sie letztendlich genervt den Hausarzt. Stolz berichtet die Bewohnerin später, dass der Doktor da war. Was hat der Arzt gemacht? Er hat ihr eine Tablette verschrieben. Und was steckte hinter der Bitte, den Arzt zu rufen? Oft ist es der Hilfeschrei, ernst genommen zu werden, dass sich jemand um einen kümmert, die Bestätigung, dass man etwas wert ist. Was die pflegebedürftige Bewohnerin benötigte, nämlich Aufmerksamkeit und Zuneigung, wurde hier erkauft und nicht selbstlos gegeben.

Viele Senioren erkaufen sich eine Dienstleistung, weil anders keine Wertschätzung oder Aufmerksamkeit wahrgenommen wird. Wir beobachten zunehmend, dass Pflegekräfte Aufgaben erledigen müssen, die manche Bewohner noch selbständig machen könnten. Zum Beispiel wundere ich mich oft, warum beim Frühstück oder zum Abendessen die Brote der Bewohner vom Pflegepersonal geschmiert und belegt werden, obwohl viele das eigentlich selber noch könnten.

Wir müssen zu einem Umdenken bei der Betreuung von Pflegebedürftigen kommen, um eine Abhängigkeit von Hilfsangeboten und Hilfsmitteln nach Möglichkeit zu vermeiden. Ein falsches Verständnis von Hilfe („Helfersyndrom") führt oft tiefer in die Pflegebedürftigkeit und in die Abhängigkeit von Hilfsmitteln. Wir beobachten eine geballte Macht von Angeboten wie Medikamenten, Hilfsmitteln, aber auch Pflege- und Betreuungskonzepten, die wirtschaftlich auf das Leben mit der Pflegebedürftigkeit ausgerichtet sind, anstatt dass sie dazu beitragen, Pflegebedürftigkeit zu vermeiden oder zu heilen.

URSACHEN VON PFLEGEBEDÜRFTIGKEIT

Alterserkrankungen, die zu einer Pflegebedürftigkeit führen können, sind in der Bevölkerung weitgehend bekannt. Hierzu gehören Demenzerkrankungen, Alzheimer oder Arteriosklerose sowie Zustand nach Schlaganfall, Infarkten oder Operationen, Seh- oder Hörschwächen, Diabetes, Verlust der Bewegungsfähigkeit und andere. Besonders auffallend ist die enorme Zunahme von Menschen, die an einer Altersdepression und Gemütserkrankungen leiden. Nun könnten wir hergehen und die Ursachen der Alterserkrankungen schulmedizinisch, anatomisch und mithilfe der Ergebnisse wissenschaftlicher Forschung verstehen lernen. Die Literatur und das Wissen darüber sind sehr umfangreich. Gerade christliche Autoren weisen neue Wege, Lösungen und Auswege auf oder zeigen, wie man geheilt werden kann.

Mein Buch will dazu beitragen zu schauen, was hinter diesen Erkrankungen steckt, und den Mangel an Erkenntnis etwas abbauen. Um zu verstehen, dass wir in der Betreuung von pflegebedürftigen Senioren die Erkrankung nur als Symptom einer anderen Ursache betrachten, möchte ich von einem Herzchirurgen aus Paris berichten. Er beschreibt, dass an die achtzig Prozent aller Herzkrankheiten nur ein Symptom für eine andere Ursache sind. So führen Mobbing am Arbeitsplatz, Eheprobleme, finanzielle Not oder der Verlust von sozialer Sicherheit, Arbeitsplatzverlust, Suchtprobleme usw. oft zu Herzerkrankungen. Gesunder Schlaf wird von unüberwindbaren Problemen verhindert, das Essen schmeckt nicht mehr, der erholende Ausgleich fehlt, weil der Stress unerträglich wird. Besagter Arzt ist Christ, und er bietet den Kranken an, mit einem Team über ihre Probleme zu sprechen. Die Erfahrung zeigt, dass viele Menschen, die herzkrank waren und Dinge in ihrem Leben in Ordnung gebracht haben, von der Krankheit geheilt wurden. Oftmals wurden sogar bis dahin für notwendig gehaltene chirurgische Eingriffe überflüssig.

Dieses Beispiel soll zeigen, dass eine Veränderung unserer Lebenssituation zur Heilung von Erkrankungen führen kann. Natürlich könnte der Herzchirurg auch schulmedizinisch handeln, indem er eine entsprechende Operation durchführt. Aber wenn die Ursache, die zur Erkrankung geführt hat, nicht behandelt wird, wird der Patient eventuell früher oder später an einer anderen organischen Erkrankung leiden.

Wenn wir nach den Ursachen von Pflegebedürftigkeit suchen, begegnen uns oft Bitterkeit, Resignation, sogar Todessehnsucht. Genau hier gibt es eine göttliche Superlösung der Hoffnung und Erfüllung für das Leben.

Suizidales Verhalten ist bei vielen Menschen mit Alterserkrankungen zu beobachten. Der Suizid oder Selbstmord wird nicht mit einem Strick oder mit einer Kugel begangen, sondern mit Haltungen und Äußerungen, wie zum Beispiel Rückzug. „Ach, Schwester, ich will heute nicht zur Gymnastik gehen. Vielleicht morgen", oder: „Ich habe keinen Hunger und ich will meine Ruhe. Ich fühle mich nicht gut und kann nicht aus meinem Zimmer." Durch die Einschränkung und den Verlust der Bewegungsfähigkeit entsteht meistens eine depressive Grundhaltung. Die Lust am Leben geht verloren, man wird lebensmüde.

In Gesprächen mit unseren Senioren hören wir oft von Schlafstörungen und Ängsten. Eine Bewohnerin unserer Einrichtung sprach davon, dass die Pflegebedürftigkeit eine Strafe Gottes für ein „sündhaftes Leben" sei. Andeutungsweise begegnet mir diese Haltung auch außerhalb von Alterserkrankungen. Doch Krankheit als Strafe widerspricht eindeutig der göttlichen Heilsbotschaft.

Jede gute Gabe und jedes vollkommene Geschenk kommt von oben herab, von dem Vater der Lichter, bei dem keine Veränderung ist noch eines Wechsels Schatten (Jakobus 1,17).

Gott ist kein zorniger, strafender Gott, sondern durch und durch ein Gott der Liebe. Gott erzieht uns nicht durch Krankheit, sondern er hat uns den Heiligen Geist geschenkt, der uns führt und ermahnt. Allerdings sehen wir auch, dass manches Mal Krankheit so lange bleibt, bis wir eine Veränderung in unserem Leben zulassen.

Alles in allem sind wir sicher, dass wir Heilung von Pflegebedürftigkeit als Folge eines krank machenden Lebensstils bekommen können. Wir können Pflegedürftigkeit sogar verhindern, wenn wir die Auslöser kennen, die sicher nicht nur in der klassischen Lehre von den Alterserkrankungen zu finden sind.

ENTSTEHEN VON PFLEGEBEDÜRFTIGKEIT

Einige Erfahrungen und Beispiele sollen zeigen, wie Pflegebedürftigkeit entstehen kann. Wir möchten die Ursachen von Alterserkrankungen aufdecken. Gleichzeitig wollen wir aber betonen, dass unsere Beispiele nicht für jeden Menschen zutreffen müssen. Sie sollen lediglich eine Idee geben von Ursachen, die der Pflegebedürftigkeit Vorschub leisten. Das folgende Beispiel des Pfarrers G. mit seinen Eltern steht, wenn auch abgewandelt, für viele und wäre sicher anders verlaufen, wenn die Heilsbotschaft in seinem Leben präsent gewesen wäre. Er berichtet:

Meine Mutter ist früher um 5 Uhr morgens aufgestanden. Sie hat meinem Vater die Brote für die Arbeit geschmiert, um 7 Uhr hat sie uns Kinder aus dem Bett geholt und uns zur Schule geschickt. Anschließend hat sie ihr Tagwerk wie Wäsche waschen, Wohnung in Ordnung halten, Essen kochen usw., erledigt. Mein Vater ging dann in Rente, und wir Kinder gründeten unsere eigenen Familien. Als Rentner hatten unsere Eltern nun endlich Zeit, das zu tun, was sie schon immer machen wollten: Reisen, Hobbys, Garten, Fahrrad fahren und sich an den Enkeln erfreuen. Sie nutzten die frei gewordene Zeit für eine selbständige, sinnvolle Gestaltung. Mit zunehmendem Alter stellten sich die ersten Einschränkungen ein. Meine Mutter be-

33

kam dann auf einer Reise einen Schlaganfall. Als Kinder fingen wir an, unseren Eltern beschwerliche Tätigkeiten abzunehmen. Wir mähten den Rasen oder kauften ein. Eine Putzfrau kümmerte sich um die Wohnung und wir bestellten „Essen auf Rädern". Später wurde ein Pflegedienst für die Grundpflege beauftragt und zusätzlich eine Haushaltshilfe beschäftigt.

Da es überhaupt keinen Menschen gibt, der in ein Pflegeheim gebracht werden will, versuchten wir, unsere Eltern zu Hause zu versorgen. Unser eigenes Familienleben veränderte sich und die hilfsbedürftigen Eltern bestimmten unseren Tages- und Nachtrhythmus. Die Belastungen für uns wurden enorm. Unsere Freizeit, unser Eheleben und unsere Freundschaftsbeziehungen, alles wurde nun nach den Bedürfnissen der Eltern geplant. Trotz aller Hilfe und Unterstützung wurde die Pflege unserer Eltern immer anstrengender. Mutter benötigte Windeln, und Vater bekam einen Urinalkatheter. Schon morgens nach dem Frühstück legten sie sich auf das Sofa und in den Fernsehsessel. Vater konnte die Zeitung nicht mehr lesen und verdämmerte fast den ganzen Tag, während Mutter schlafend vor dem Fernseher saß.

Da die Anliegerwohnung nur über Treppen erreichbar war, gingen meine Eltern überhaupt nicht mehr aus der Wohnung. Nachts konnten sie nur mit Schlafmitteln schlafen, die Nächte wurden zum Tag. Hinzu kamen eine peinliche Verwirrtheit und abstruse Meinungen, die für uns Kinder immer unerträglicher wurden. Medikamente konnten nur bedingt regulierend helfen. Mutter mussten wir fast zwingen, etwas zu trinken. Sie trocknete völlig aus, und Vater wurde sehr aggressiv.

Letztendlich war nichts mehr so, wie es eigentlich sein sollte. Es herrschte nicht nur Chaos im Leben meiner pflegebedürftigen Eltern, nein, auch unser Leben als Kinder war völlig aus dem Lot. Unsere Ehen standen auf dem Prüfstein, die Kinder waren vernachlässigt und der permanente Schlafentzug führte zu beruflichen Schwierigkeiten. Als Mutter wegen einer Austrocknung ins Krankenhaus kam, wurde Vater völlig krank. Er suchte seine Frau und begriff in seiner Demenz die Umstände und Zusammenhänge nicht. Er erkannte uns Kinder nicht mehr und schlug wütend um sich. Hinzu kam, dass er mit seinem Kot die Wohnung verunreinigte. Es war unerträglich, und die Unterbringung in einem Pflegeheim wurde unumgänglich.

Die Geschichte von Pfarrer G. steht für viele ähnliche Abläufe.

Als Heimleiterpaar haben wir so gut wie nie erlebt, dass pflegebedürftige Menschen zu uns gebracht wurden, weil sie abgeschoben werden sollten. Nein, wir erleben Angehörige mit Selbstzweifeln, schlechtem Gewissen und viel Unsicherheit. Viele sind am Limit und erzählen uns, wie chaotisch die Betreuung ihrer Liebsten ist. Und hier setzt ein heilender Plan ein, der grandioseste Plan, den es gibt.

Kein Arzt, kein Therapeut, kein Gerontologe oder Wissenschaftler hat je eine heilende Therapie für pflegebedürftige Menschen entwickelt, sie können lediglich ihren Teil dazu beitragen. Alle Konzepte, und es gibt viele für die Betreuung von Pflegebedürftigen (einige führen wir im Anhang auf), zielen darauf ab, dass Menschen lernen, mit der Pflegebedürftigkeit zu leben. Medikamente, Ergotherapie, Logopädie, Krankengymnastik, all dies sind Instrumente, Pflegebedürftigkeit erträglicher zu machen – teils auch, um das schlechte Gewissen der hilflosen Helfer zu beruhigen, indem man „irgendwas macht". Aber es gibt in den Pflegeheimen noch keine Angebote, die Pflegebedürftigkeit heilen oder verhindern helfen. Ärzte, Pharmafirmen, Hilfsmittelproduzenten, Therapeuten. Krankenhäuser, Rehaeinrichtungen, alle leben davon, dass Menschen mit der Krankheit leben, anstatt die Krankheit zu heilen. Und hier kommt eine neue Botschaft: *Heilung ist möglich.*

DER PLAN ZUR HEILUNG VON KRANKHEIT UND PFLEGEBEDÜRFTIGKEIT. DER HEILSPLAN

Vielleicht legt mancher das Buch an dieser Stelle zur Seite, vielleicht weil es zu „fromm" zu werden scheint oder weil der Glaube fehlt. Aber genau hier besteht die Chance einer Heilung, ja, sogar einer Verhinderung von Krankheit und Pflegebedürftigkeit. Verpassen Sie nicht die Gelegenheit, den Heilsplan kennenzulernen. Er steht in dem ältesten Buch der Weltgeschichte und ist das größte Geheimnis, was uns offenbart wurde.

Nach dem Versuch, den Heilsplan zu umreißen – er ist so komplex, dass viele Bücher dafür nicht ausreichen würden – werden wir später auf das kostbare Geschenk Gottes eingehen, wie Pflegebedürftigkeit praktisch geheilt werden kann.

Im Anfang schuf Gott den Himmel und die Erde. Und die Erde war wüst und leer (hebr. tohu wa bohu)*, und Finsternis war über der Tiefe; und der Geist Gottes schwebte über dem Wasser* (1. Mose 1,1–2).

Wenn Menschen zu uns in die Einrichtung kommen, herrscht zunächst oft Chaos. Sowohl Angehörige wie auch die kranken Senioren fühlen sich leer, ausgepowert und perspektivlos. Heute wird der Begriff Tohuwabohu umgangssprachlich für ein großes Durcheinander verwendet. Als Pflege- und Betreuungskräfte sind wir am Anfang mit diesem Durcheinander im Leben des erkrankten Menschen konfrontiert. Man könnte sagen, wir tappen genauso im Dunkeln wie die Betroffenen. Gott als Schöpfer hatte vor der Erschaffung dieser Welt nichts anderes als Chaos vor sich.

ERSTER SCHRITT – ERSTER TAG

Und Gott sprach: Es werde Licht! Und es wurde Licht. Und Gott sah das Licht, dass es gut war; und Gott schied das Licht von der Finsternis. Und Gott nannte das Licht Tag, und die Finsternis nannte er Nacht. Und es wurde Abend, und es wurde Morgen: ein Tag (1. Mose 1,3–5).

Wenn Menschen zu uns ins Pflegeheim kommen, wird einiges für die Angehörigen erst einmal spürbar leichter. Die Professionalität einer Einrichtung gibt zunächst Entlastung für Angehörige und Pflegebedürftige. Es scheint wie ein Silberstreifen am Horizont.

Süß aber ist das Licht, und gut für die Augen ist es, die Sonne zu sehen (Prediger 11,7).

ZWEITER SCHRITT – ZWEITER TAG

Am zweiten Tag machte Gott eine Feste und schied das Wasser unter der Feste von dem Wasser über der Feste und nannte die Feste „Himmel" (1. Mose 1,7–8).

Nun beginnen wir mit einer Pflegediagnose, wo wir krank machende Lebensgewohnheiten von den guten und gesunden trennen. Wir beginnen, den Tag-Nacht-Rhythmus (die circadiane Rhythmik) wiederherzustellen,

Austrocknung durch zu wenig Flüssigkeitszufuhr auszugleichen, und in Zusammenarbeit mit dem Haus- und Facharzt die notwendigen oder verordneten Medikamente gezielt einzusetzen. Toilettengänge werden geübt und Instrumente der Betreuung sowie Therapien geplant.

Und Gott sprach: Es werde eine Wölbung mitten im Wasser, und es sei eine Scheidung zwischen dem Wasser und dem Wasser! Und Gott machte die Wölbung und schied das Wasser, das unterhalb der Wölbung, von dem Wasser, das oberhalb der Wölbung war. Und es geschah so. Und Gott nannte die Wölbung Himmel. Und es wurde Abend, und es wurde Morgen: ein zweiter Tag (1. Mose 1,6–8).

„Biografische Pflege" ist ein Begriff, der heute in jeder professionellen Pflegeeinrichtung präsent ist. In einem Biografiebogen werden Stationen des Lebens ähnlich einem Lebenslauf aufgeführt. Wir fragen zum Beispiel, was der zu Pflegende gerne gegessen hat oder wann er gewöhnlich ins Bett gegangen ist. Wir fragen nach Hobbys, Beruf und Lebensgewohnheiten. Ziel dieser von den Pflegekassen geforderten Befragung ist, dem pflegebedürftigen Heimbewohner ein individuelles Betreuungsangebot anzubieten.

Bevor ich auf das wirklich heilende Element des zweiten Schrittes komme, sollten wir einen kurzen Abstecher in die Theologie dieser Verse machen, um diesen Schöpfungstag besser zu verstehen.

Der zweite Schöpfungstag hat etwas mit der irdischen Weltentstehung zu tun, jedoch geht es auch darum, die Welt zu verstehen. Wenn wir den zweiten Schöpfungstag, wie alle anderen übrigens auch, rein wissenschaftlich verstehen wollen, dann gänge es um das „Was wurde wie geschaffen?" Als Christ geht es mir aber um das „Warum wurde etwas wozu erschaffen?"

Gott hat mit der Erschaffung der Welt einen Platz für das Leben geschaffen. Es ist ein Raum, der sich füllen kann, ein Atem- und Bewegungsraum, auch wenn er begrenzt ist. Man könnte sagen, es ist ein Schutzraum, umgeben vom Chaos. *(Mehr dazu in der Predigtreihe: Die Schöpfung. Genesis 1,6–8, Pastor Hans Joachim Schliep, Ev.-luth. Landeskirche Hannover.)*

Bei der Betreuung von pflegebedürftigen Menschen geht es mir als jemandem, der an einen heilenden Gott glaubt, darum zu verstehen, welche Unordnung in ein Leben hineingekommen ist und was die Hilfsbedürftigkeit hervorgerufen hat. In diesem Buch wird Ihnen des Öfteren unsere Erfahrung begegnen, dass die meisten Krankheiten, die zur Pflegebedürftigkeit führen, nur Symptome für eine andere Ursache sind. Mit einer sogenannten professionellen Pflegediagnose kann ich zwar eine biografische Lebensgeschichte kennenlernen, aber sie sagt eher weniger darüber aus, wo die wirklichen Ursachen für eine Erkrankung liegen, die zur Pflege führt.

Es ist für einen Heilungsprozess sehr wichtig, dass wir die Ursachen der Krankheit kennen, denn dann können wir einen Heilungsweg einschlagen. Einige dieser Ursachen möchte ich unverblümt aufzeigen, es sind schockierende und tiefgreifende Verletzungen der menschlichen Seele.

Einige Beispiele aus unserer Arbeit: Viele Frauen der Kriegsgeneration haben im Krieg und danach Vergewaltigung erlebt oder sie mussten mit ansehen, wie ihren Müttern und anderen Schlimmes getan wurde. Viele Männer haben schlimme Dinge erlebt oder selber getan.

Meine Oma, die sich mit sieben Kindern allein auf der Flucht aus Pommern befand, erzählte, dass ihr russische Soldaten an einer Straßensperre den ältesten Sohn weggenommen haben. Er war erst 15 Jahre alt und sie hat ihn nie wiedergesehen.

Wir wissen, dass jedes vierte Mädchen und jeder siebte Junge Kindesmissbrauch in unterschiedlichem Grad erlebt hat. Verletzungen durch Ehescheidungen, Fremdgehen und sexuelle Verwahrlosung sind häufige seelische Belastungen. Wir wissen, dass viele Männer, auch Gläubige, heimlich Pornografie konsumieren, durch das Internet und moderne Medien ist das sehr diskret möglich. Viele Senioren machen sich Vorwürfe, ihre Kinder nicht richtig erzogen zu haben oder zu wenig für sie da gewesen zu sein. Und wir sprechen auch über Verletzungen der Zehn Gebote.

Warum, so könnten wir fragen, sollen diese schlimmen Ereignisse erst am Lebensende zu einer Erkrankung führen und nicht früher? Nun, viele Erkrankungen in unserem Leben sind auf solche oder ähnliche Ursachen zurückzuführen. Aber Satan ist schlau, er hat Verdrängungsmechanismen erfunden. Da war für unsere heutigen Senioren das Wirtschaftswunder, Hausbau, Kinder, Karriere, Urlaub, Konsum usw.

Wenn heute jemandem etwas Schlimmes passiert, gibt es die Möglichkeit einer Therapie, ohne dass es Folgen für den Beruf oder das Ansehen hat. Früher war das anders. Wenn sich jemand wegen einer seelischen Verletzung in psychiatrische Behandlung begab, wurde in der Gesellschaft abwertend darüber gesprochen: „Hast du schon gehört? Der ist in der Klappse." Ich weiß von einem ehemaligen Bankdirektor, der seinen Job verlor, weil er sich psychiatrisch behandeln ließ. Auch war es kaum möglich, darüber zu sprechen. Die meisten traumatischen Erlebnisse waren auch stigmatisierend. Eine Frau, die eine Vergewaltigung erlebt hatte, konnte das ihrem aus der Gefangenschaft zurückkehrenden Ehemann und der Familie nicht erzählen, sie wäre ausgestoßen worden. Also schwieg sie. Männer, die aus dem Krieg kamen, sprachen oft aus Scham nicht über das, was sie erlebt hatten.

Durch solche und ähnliche Traumata kann es zu einer multiplen Persönlichkeitsstörung kommen (auch DIS, dissoziative Identitätsstörung, genannt). Dabei zerfallen Denken, Handeln, Erinnerung und Identität. Die Seele spaltet das Trauma ab. Es entwickelt sich quasi eine zweite Persönlichkeit (oder noch weitere), der das Schlimme passiert ist. Also: Es ist nicht mir passiert, sondern jemand anderem, und ich kann „normal" weiterleben. Das geht möglicherweise ein Leben lang gut. Aber was passiert dann im Alter? Kommt die Erinnerung zurück? Nein, meistens nicht, aber die verletzte Seele, die macht krank, weil die normalen Verdrängungsmechanismen oft nicht mehr greifen.

Wenn wir als Betreuer wissen, dass Menschen schlimme Verletzungen als Opfer oder auch als Täter mit sich herumtragen, können wir anders mit ihnen umgehen.

Und hier beginnt der eigentliche zweite Schritt der Heilung, angelehnt an den zweiten Schöpfungstag: die Begegnung mit einem Gott, der einen guten Raum geschaffen hat und es gut mit uns meint.

In unserer Einrichtung geben wir den Raum zum Atmen, einen Schutzraum, egal was für Hintergründe ein

Mensch hat. Wir fragen nicht wie bei einer biografischen Pflegediagnose nach Verletzungen, sondern wir weisen auf Heilung hin, auf Begegnung mit dem Wort Gottes in Andachten und Gesprächen. Ein Gebetsteam bringt den Bewohner vor unseren Vater im Himmel, und wir flehen Gott um Hilfe an, weil er heilen kann und will.

Wir fragen, ob wir beten dürfen. Manchmal kommt es dazu, dass wir die Hände auflegen, das Abendmahl feiern oder jemanden salben. Inmitten der Chaosfluten von Verletzungen sprechen wir von der Hoffnung und von Heilung. Gott ist die Kraft, die das Chaos zurückhält und so Lebensraum schafft. Das ist das eigentliche Schöpfungsgeschehen. Das Chaos, in diesem Fall die Pflegebedürftigkeit, will das Leben verhindern, ertränken, ersticken, will lebensmüde machen, will auslöschen. Gott hingegen will heilen und einen Raum geben, der das Leben zulässt.

Wir wollen in dieser Phase eine Stabilitätsgarantie geben und zwischen Lebensdienlichem und Lebensvernichtendem trennen. Ein ururaltes Wissen: Der „Himmel" ist mehr als das, was wir sehen, wenn wir nach oben blicken zu den Wolken, zur Sonne und zu den Sternen! Die Welt reicht weiter als unsere Blicke. Wir können eine tolle Biografie über das Leben eines pflegebedürftigen Menschen erstellen, aber das, was ihn wirklich ausmacht, was ihn bewegt, seine Verletzungen und seine Intimität, wird uns weitgehend verschlossen bleiben.

Ehe ich dich im Mutterleib bildete, habe ich dich erkannt, und ehe du aus dem Mutterschoß hervorkamst, habe ich dich geheilt (Jeremia 1,5a).

Unserem Vater im Himmel hingegen bleibt nichts verborgen. Er kannte uns bereits, bevor wir geboren wurden, und

wenn er uns nicht verstößt aufgrund unserer Fehler, Misse-
taten und Sünden, weil Jesus das für uns am Kreuz erledigt
hat, so wollen wir es in unserer Einrichtung auch nicht tun.

Dritter Schritt – dritter Tag

Am dritten Tag schuf Gott das trockene Land und die
Pflanzen.

*Und Gott sprach: Es soll sich das Wasser unterhalb
des Himmels an einen Ort sammeln, und es werde das
Trockene sichtbar! Und es geschah so. Und Gott nannte
das Trockene Erde, und die Ansammlung des Wassers
nannte er Meere. Und Gott sah, dass es gut war. Und
Gott sprach: Die Erde lasse Gras hervorsprossen, Kraut,
das Samen hervorbringt, Fruchtbäume, die auf der Erde
Früchte tragen nach ihrer Art, in denen ihr Same ist! Und
es geschah so. Und die Erde brachte Gras hervor, Kraut,
das Samen hervorbringt nach seiner Art, und Bäume, die
Früchte tragen, in denen ihr Same ist nach ihrer Art. Und
Gott sah, dass es gut war. Und es wurde Abend, und es
wurde Morgen: ein dritter Tag* (1. Mose 1,9–13).

Wie eintönig wäre das Leben, wäre die Erde, wenn es
nicht die Farben gäbe, die Vielgestaltigkeit des Grases, der
Blumen und Sträucher. Wir erfahren, dass die Begegnung
mit der Natur Ruhe und Erholung bringt. Wir gehen im
Wald spazieren, erholen uns während einer Kur, reisen an
die See oder in die Berge. Erholung hat fast immer etwas
mit Naturbegegnen zu tun. Unser Pflegeheim nennt sich
„Seniorenpark". In dem Wort „Park" deutet sich Ruhe an,
ein Ort ohne Hektik, wo ich mich wohl fühlen, ausspannen
oder mit anderen sprechen kann, ohne gestört zu werden.
So einen Ort benötigen Menschen mit Pflegebedürftigkeit.
Ein Park ist auch ein Ort, wo Menschen sind.

Ich habe einen guten Freund. Wenn ich ihn besuche, dann fühle ich mich richtig wohl. Ich kann Stunden mit ihm reden und entspannt sein. Ein anderer Bekannter – wenn ich zu ihm komme, herrscht immer Hektik, dauernd geht das Telefon, ständig ist er in Bewegung, holt Kaffee oder verlässt den Raum. Ich bin nicht so gerne bei ihm.

Oft ist das das Szenario, was Menschen, die gepflegt werden, mitbekommen. Keiner hat wirklich Zeit oder Geduld, mal zu verweilen. Pflegekräfte geben darüber hinaus oft das Gefühl weiter, immer in Hektik zu sein, immer auf dem Sprung. Manches Mal machen sie dem zu Pflegenden ein schlechtes Gewissen nach dem Motto: „Ich renne hier nur für dich!" Wenn Pflegende heilend tätig werden wollen, müssen sie selbst heil sein. Kranke können schlecht Kranke pflegen. Der Alltagsstresspegel ist sehr hoch, deshalb dient uns die Natur zur Entlastung und Ablenkung. Jeder Bewohner unserer Einrichtung macht möglichst einmal am Tag einen Spaziergang am Gehwagen, im Rollstuhl oder im Liegerollstuhl. Dabei ist der Grad der Pflegebedürftigkeit unwichtig. Begleitet werden die Bewohner von unseren Betreuern. Auf diesen Spaziergängen passiert viel Heilung, Zeit wird gemeinsam verbracht, Gespräche geführt, es findet Begegnung statt. Der Helfer wird selbst zum Empfangenden, ein wichtiger Prozess setzt ein.

VIERTER SCHRITT – VIERTER TAG
Am vierten Tag schuf Gott die Sonne, den Mond und die Sterne.

Und Gott sprach: Es sollen Lichter an der Wölbung des Himmels werden, um zu scheiden zwischen Tag und Nacht, und sie sollen dienen als Zeichen und zur Bestimmung von Zeiten und Tagen und Jahren; und sie sollen als Lichter an der Wölbung des Himmels dienen, um auf die Erde zu leuchten! Und es geschah so. Und Gott machte die beiden großen Lichter: das größere Licht zur Beherrschung des Tages und das kleinere Licht zur Beherrschung der Nacht und die Sterne. Und Gott setzte sie an die Wölbung des Himmels, über die Erde zu leuchten und zu herrschen über den Tag und über die Nacht und zwischen dem Licht und der Finsternis zu scheiden. Und Gott sah, dass es gut war. Und es wurde Abend, und es wurde Morgen: ein vierter Tag (1. Mose 1,14–19).

Auffällig ist, dass Gott die Sonne schafft, nachdem er das Licht geschaffen hat. In unserem Leben brauchen wir geografische, geistige und geistliche Orientierungen. Was würde passieren, wenn die Sonne heute Abend im Osten statt im Westen unterginge? Ich glaube, es würde absolutes Chaos ausbrechen. Die Kommunikationssysteme würden kollabieren, alles würde kopfstehen.

Bei vielen Erkrankungen im Alter herrscht dieses Wirrwarr. Menschen mit einer hirnorganischen Erkrankung, wie zum Beispiel der Altersdemenz, haben die Orientierung verloren. Alles ist durcheinander. Stellen Sie sich vor, Sie stehen mitten in einem Wald, es herrscht absolute Dunkelheit und Sie müssen den Weg nach Hause finden. Sie tasten sich vor, versuchen Ihre Sinne zu aktivieren.

Als Jugendlicher habe ich einmal eine solche Situation erlebt. Alle Sinne waren auf das Äußerste angespannt, Unsicherheit, ja Angst beherrschten mich. Ich konnte nicht mehr unterscheiden, was real oder eingebildet war, und war erfüllt mit Panik und Überlebenswillen. Obwohl es nicht um Leben oder Tod ging, war meine Realität verzerrt. So geht es Menschen mit einer Erkrankung wie Demenz oder Alzheimer. Oft sind pflegebedürftige Menschen orientierungslos. Tag- und Nachtrhythmus sind gestört. Manchmal fehlt das Gefühl für Hunger und Durst, kalt oder warm, Gefahr oder Sicherheit, gut oder böse, krank machend oder gesund erhaltend.

In unserer Pflegeeinrichtung versuchen wir, Orientierungspunkte zu schaffen: durch gewohnte Räume, gleiche Geräusche, gleiche Gerüche und Betreuung durch die gleichen Mitarbeiter. Manche Bewohner können noch alleine um das Haus gehen, andere brauchen Begleitung. Orientierung ist ein wichtiger Punkt für eine Gesundung, aber auch geistliche Orientierung bringt einen Heilungsprozess in Gang. Wir wissen zum Beispiel, dass manche unserer Senioren früher viel auswendig gelernt haben. So werden viele alte Kirchen- und Volkslieder gesungen, Gedichte aufgesagt usw. Ich habe kaum einen dementen Menschen getroffen, der das Vaterunser nicht beten konnte, obwohl er oder sie die eigenen Kinder nicht mehr erkannt hat.

FÜNFTER SCHRITT – FÜNFTER TAG

Am fünften Tag schuf Gott die Lebewesen des Meeres und die Vögel.

Und Gott sprach: Es soll das Wasser vom Gewimmel lebender Wesen wimmeln, und Vögel sollen über der Erde fliegen unter der Wölbung des Himmels! Und Gott schuf die großen Seeungeheuer und alle sich regenden lebenden Wesen, von denen das Wasser wimmelt, nach ihrer Art, und alle geflügelten Vögel, nach ihrer Art. Und Gott sah, dass es gut war. Und Gott segnete sie und sprach: Seid fruchtbar und vermehrt euch, und füllt das Wasser in den Meeren, und die Vögel sollen sich vermehren auf der Erde! Und es wurde Abend, und es wurde Morgen: ein fünfter Tag (1. Mose 1,20–23).

Wir leben auf dem Land und unser Haus grenzt an einen Wald. Manches Mal kommt es vor, dass wir auf unserem Rasen Rehe beobachten können. Immer, wenn wir sie sehen, regt sich etwas in uns, und wir rufen uns zu, dass die Rehe wieder da sind. Vor unserem Schlafzimmerfenster steht ein Vogelhäuschen. Im Winter sitzen wir morgens mit einer Tasse Kaffee im Bett, um den Tag zu beginnen, und beobachten voller Interesse und Freude das Treiben. Ja, wir haben einzelnen Vögeln sogar schon Namen gegeben, und es macht Spaß, sie zu beobachten. Da passiert etwas mit unserer Seele.

In unserem Pflegeheim gibt es Katzen, Vogelvolieren, Aquarien und sogar einen Hühnerhof. Einmal musste ich die Hühner kurzfristig umsiedeln, damit sich die Wiese erholen konnte. Ich war völlig erstaunt, dass an diesem Tag vieles nicht in Ordnung war bei unseren Bewohnern. Ständig wurde ich gefragt, wo die Hühner sind, und wer sie jetzt füttert, und ob sie auch wirklich wiederkommen. Als ich dann noch spaßeshalber sagte: „Na ja, die Hühner gibt es doch demnächst in der Suppe", hatte ich wirklich etwas angerichtet. Es kostete mich viel Überzeugungskraft, diesen Scherz richtigzustellen. (Noch am selben Tag kamen unsere Hühner auf ihren angestammten Platz zurück ...)

Wir kennen aus der Behindertenarbeit die Reittherapie, das Schwimmen mit Delfinen oder therapeutische Hundeführer, die Besuche bei Behinderten und Alten machen. Senioren, die zu uns kommen, dürfen ihr Haustier mitbringen, und es ist eine Freude zu sehen, wie gerade Demente oder an Alzheimer erkrankte Menschen darauf reagieren.

SECHSTER SCHRITT – SECHSTER TAG

Am sechsten Tag schuf Gott alle Lebewesen auf dem Land und auch den Menschen.

Und Gott sprach: Die Erde bringe lebende Wesen hervor nach ihrer Art: Vieh und kriechende Tiere und wilde Tiere der Erde nach ihrer Art! Und es geschah so. Und Gott machte die wilden Tiere der Erde nach ihrer Art und das Vieh nach seiner Art und alle kriechenden Tiere auf dem Erdboden nach ihrer Art. Und Gott sah, dass es gut war. Und Gott sprach: Lasst uns Menschen machen in unserm Bild, uns ähnlich! Sie sollen herrschen über die Fische des Meeres und über die Vögel des Himmels und über das Vieh und über die ganze Erde und über alle kriechenden Tiere, die auf der Erde kriechen! Und Gott schuf den Menschen nach seinem Bild, nach dem Bild Gottes schuf er ihn; als Mann und Frau schuf er sie. Und Gott segnete sie, und Gott sprach zu ihnen: Seid fruchtbar und vermehrt euch, und füllt die Erde, und macht sie euch untertan; und herrscht über die Fische des Meeres und über die Vögel des Himmels und über alle Tiere, die sich auf der Erde regen! Und Gott sprach: Siehe, ich habe euch alles Samen tragende Kraut gegeben, das auf der Fläche der ganzen Erde ist, und jeden Baum, an dem Samen tragende Baumfrucht ist: es soll euch zur Nahrung dienen; aber allen Tieren der Erde und allen Vögeln des Himmels und allem, was sich auf der Erde regt, in dem eine lebende Seele ist, habe ich alles grüne Kraut zur Speise gegeben. Und es geschah so. Und Gott sah alles, was er gemacht hatte, und siehe, es war sehr gut. Und es wurde Abend, und es wurde Morgen: der sechste Tag (1. Mose 1,24–31).

Es gibt mittlerweile fast sieben Milliarden Menschen auf unserem Planeten, und keiner ist wie der andere. Wenn wir alle Blätter von allen Bäumen vergleichen würden, wir würden kein Blatt finden, das einem anderen zu hundert Prozent gleicht. Die Schöpfung will Unterschiedlichkeit, ja, Gott mag Verschiedenheit.

In der Betreuung von pflegebedürftigen Menschen müssen wir die Unterschiedlichkeit erkennen lernen. Nicht jeder reagiert auf das gleiche Medikament oder auf therapeutische Angebote gleich. Nein, Individualität ist Schöpfung und bedarf bei Alterserkrankungen unterschiedlicher Heilungsansätze. Wir werden bei der Auflistung von Alterserkrankungen sehen, dass es verschiedene Ursachen für ein Symptom gibt.

SIEBTER SCHRITT – SIEBTER TAG

Und Gott vollendete am siebten Tag sein Werk, das er gemacht hatte; und er ruhte am siebten Tag von all seinem Werk, das er gemacht hatte. Und Gott segnete den siebten Tag und heiligte ihn; denn an ihm ruhte er von all seinem Werk, das Gott geschaffen hatte, indem es machte. Dies ist die Entstehungsgeschichte des Himmels und der Erde, als sie geschaffen wurden (1. Mose 2,2–4).

Es gibt keinen Sonntag, an dem nicht irgendwo ein Flohmarkt oder ein verkaufsoffener Sonntag stattfindet. Das Freizeitangebot ist so umfangreich, dass wir unser Wochenende aktiv und voll auskosten können – kein Wunder, dass dann mancher Mitarbeiter am Montagmorgen müde, kaputt und unerholt zum Dienst erscheint. „Mach mal Pause" ist zwar das Motto, aber sie wird gefüllt mit Aktivität. Wir geben uns keine Chance, zur Ruhe zu kommen. Die Verdrängungsmechanismen, die uns von uns selbst ablenken, beherrschen unsere Freizeit. Freizeit wird mit Aktivität gefüllt. Mir begegnen Menschen, die einfach nicht ruhen können, ständig sind sie rastlos. Ja, den Feiertag heiligen ist ein gutes und sinnvolles Gebot Gottes.

Menschen, die krank sind, wird vom Arzt eine Zwangspause verordnet. Warum? Weil jeder Mediziner weiß, dass der Körper Ruhephasen benötigt, um gesund zu bleiben oder zu werden. Oft sagen mir Mitarbeiter, dass sie erst mal einige Tage Urlaub benötigen, damit sich das Gefühl einer Erholung einstellt. Doch heutzutage ist es allgemein üblich, sich nicht einen langen Erholungsurlaub zu gönnen, sondern den Urlaub in viele kleine Einheiten zu stückeln. Menschen, die nicht zur Ruhe kommen, leiden in Folge dessen an mannigfaltigen Erkrankungen, die wir später noch aufzeigen werden.

Bei Beachtung eines Gleichklangs von Ruhepausen und aktiven Phasen haben wir die größten Heilungserfolge bei Pflegebedürftigkeit. Bei einer Überprüfung unserer Pflegeeinrichtung durch die Pflegekassen wurde moniert, dass wir an Sonntagen keine Therapieangebote oder Programmangebote für unsere Heimbewohner machen. Wir bekamen eine Abmahnung mit der Aufforderung, das innerhalb kurzer Zeit zu ändern. Mit dem Hinweis auf Gottes Gebot „Du sollst den Feiertag heiligen" ist es mir gelungen, die Abmahnung zurückzuweisen.

DIE SIEBEN HEILUNGSCHRITTE IN KURZFORM

1. Tag – 1. Schritt: Licht am Horizont durch gute Menschen oder Pflegeangebote

2. Tag – 2. Schritt: Raum und Ordnung schaffen und das Chaos vermeiden

3. Tag – 3. Schritt: Ruhe- und Erholungsmöglichkeiten in der Natur wahrnehmen

4. Tag – 4. Schritt: Orientierungspunkte schaffen

5. Tag – 5. Schritt: Therapien richtig nutzen; Tiere sind dabei eine gute Hilfe

6. Tag – 6. Schritt: Annahme des kranken Menschen, so wie er ist

7. Tag – 7. Schritt: Heilung ist oft ein Prozess – Überforderung vermeiden

WAS BLOCKIERT DIE HEILUNG VON PFLEGEBEDÜRFTIGKEIT?

Die Schöpfungsgeschichte enthält einen guten Plan für unser Leben. Er beinhaltet Heilung und Erneuerung für Leib, Seele und Geist. Die Frage ist nur, ob ich mich auf dieses Abenteuer einer außergewöhnlichen Heilung einlassen kann, die von den üblichen Angeboten der Medizin und den modernen Therapieangeboten abweicht – wohlgemerkt: nicht als Ersatz, sondern als gute Ergänzung zu den wissenschaftlichen begründeten Möglichkeiten. Das Grandiose am Heilsplan Gottes ist, dass er umsonst ist. Jemand anderes, Jesus Christus, hat dafür schon den Preis bezahlt.

Immer wieder begegnen mir Menschen, die von Krankheit geplagt sind. Viele sprechen von der Krankheit, als ob sie ein Teil von ihnen wäre. Folgende Aussagen sind typisch. Jemand sagt: „*Meine* Migräne plagt mich heute", oder: „Ich heiße so und so und *bin* Asthmatiker." Andere sagen: „Ich *bin* Diabetiker", oder: „*Mein* Rheuma plagt mich heute besonders schlimm."

Wir sollten aufhören, Krankheit als etwas zu betrachten, was zu uns gehört. Krankheit und Pflegebedürftigkeit sind etwas, was zu keinem Menschen gehören sollte. Bildlich könnte man sagen, dass Krankheit angezogen wird wie ein Mantel, mit dem ich dann herumlaufe. Er gehört anscheinend zu mir. Ich kann nicht mehr ohne ihn leben. Aber das ist eine Lüge. Krankheit gehört nicht zu uns. Krankheit will uns zerstören, kleinkriegen, einschüchtern, bewegungs- und hilflos machen.

Falsche Lebensgewohnheiten, falsche Ernährung, falsche Gedankenbilder und Lebenseinstellungen können Heilung blockieren. Die Bibel spricht hier von Sünde.

Sündige nicht mehr, damit dir nichts Ärgeres widerfahre! (Johannes 5,14b).

Wir haben oft Menschen in unserer Einrichtung, die voll sind mit Selbstanklage, Bitterkeit, Unversöhnlichkeit, Streit, Rassismus, Lieblosigkeit, Selbstgerechtigkeit und Härte. Das sind oft Dinge, die eine Heilung blockieren. So wie diese beschriebenen Faktoren Heilung verhindern, so sind sie auch oftmals Auslöser von Krankheit und Pflegebedürftigkeit. Doch es gibt einen Ausweg, ein göttliches Angebot.

Wie schon gesagt, glaubte ich früher, dass eine Demenz oder eine andere hirnorganische Erkrankung jeden treffen kann. Da es bis heute keine oder nur wenige medizinische Erkenntnisse über diese Erkrankungen gibt, dachte ich, dass die Krankheit wie ein Blitz den einen trifft und den anderen verschont. Durch dieses Denken ging ich natürlich davon aus, dass auch ich betroffen sein könnte. Damit hatte ich automatisch schon einen Ärmel des Mantels der Krankheit angezogen und mich damit abgefunden, evtl. auch einmal an Demenz erkranken zu können. Natürlich hoffte ich, dass der Kelch an mir vorübergehen würde, aber sicher konnte ich nicht sein. Heute bin ich gewiss, dass ich nie dement werde. Ich lehne ich es innerlich völlig ab, krank zu werden oder zu sein.

Vielleicht helfen Ihnen einige Beispiele, das Gleiche in Ihrem Leben zu tun. Wir sollten uns nie darauf einlassen, daran zu glauben, dass wir in Bezug auf irgendeine Krankheit gefährdet sein könnten.

Bei uns lebt eine 83-jährige Frau mit einer Demenz im dritten Stadium nach der Global Deterioration-Skala. Mit Vornamen heißt sie Lieselotte. Ihre Tochter erzählte mir, dass die Mutter dement werden musste. Erschrocken hörte ich die Lebensgeschichte. Ihr verstorbener Ehemann hatte sie zeitlebens mit einem schrecklichen Kosenamen betitelt. „Dumme Liese" wurde sie nicht nur von ihrem Mann gerufen, sondern auch von Verwandten und Freunden, schlimmer noch: Sie selbst nannte sich so. Als sie einmal auf einer Urlaubsmaßnahme nachts, nachdem sie auf der Toilette war, nicht wieder in ihr Zimmer fand, schlief sie auf dem Sofa im Wohnzimmer. Darüber wurde später herzlich gelacht. Ihr Kommentar dazu: „Ja ja, die dumme Liese wieder." Sie hatte bereits früh in ihrer Ehe eine Tür geöffnet, sich dumm und wertlos zu fühlen. Sie hatte sich damit abgefunden und ihr Leben war geprägt von Einfachheit und Farblosigkeit. Auch die Ehe war nicht gut. Sie war immer „die Dumme".

Nachdem wir ihre Lebensgeschichte gehört haben, begegnen wir ihr heute mit Lob und Anerkennung, indem wir etwa sagen: „Wow, das haben Sie aber gut gemacht!" oder: „Super, wie Sie das wieder hinbekommen haben!" Wir sprechen nur noch positive, Mut machende Worte aus. Niemals sagen wir ihr, dass sie etwas falsch gemacht hat oder dass sie etwas lassen soll, weil sie es nicht kann. Sie betet sehr gerne, und wir preisen die Herrlichkeit Gottes mit ihr und begegnen ihr mit allen Schritten des Schöpfungs- und Heilsplans Gottes. Sie ist heute ein völlig veränderter Mensch, ein wertvoller Mensch mit einer Liebe in den Augen, wie ich es selten gesehen habe. Ihre Liebe ist so ansteckend, dass sie ständig von Menschen umringt ist, weil es gut tut, in ihrer Nähe zu sein. Obwohl sie körperlich sehr schwach ist und auf dem Weg zu unserem Vater im Himmel, der sich bestimmt schon sehr auf diese tolle Frau freut, ist die Beziehung zu ihren Kindern heute anders als früher. Sie wird respektiert und mit häufigen Besuchen geehrt. Wir sind gerne in ihrer Nähe und loben und preisen unseren Gott für eine Wandlung, die Heilung gebracht hat.

Traurigkeit ist ein Merkmal, dem ich zu oft bei unseren Senioren begegne. Es geht nicht um ein Traurigsein, wenn etwa der erwartete Besuch nicht kommt oder wenn ein geliebtes Buch nicht auffindbar ist. Ich meine eine tiefe Traurigkeit, die wie ein Schleier auf der Seele liegt.

Traurigkeit ist wie ein offenes Tor für Krankheit. Wir sprechen auch von einem zerbrochenen Herzen. Traurigkeit ist wie ein Gift, das Heilung verhindert, wie eine Mauer, die die Seele umgibt. Im Bild gesprochen: Man dringt nicht zum Herzen durch.

Das Herz ist der empfindsamste Teil unseres Lebens. Für Kinder ist es wichtig, von ihren Eltern angenommen zu sein und ihre Liebe zu spüren. Wenn wir aber Ablehnung erfahren haben, und wenn Liebesentzug als Bestrafung gebraucht wurde, dann blutet unser Herz.

Das Erste, was ein ungeborenes Kind tief innen von seiner Mutter wahrnimmt, ist das Pochen ihres Herzens. Es ist die erste, innigste Beziehung. Wenn aber dieses Kind von der Mutter als ungewollt abgelehnt wird, bricht sein Herz. Kinder, die ohne Eltern aufwachsen oder mit nur einem Elternteil, oder Kinder, die adoptiert wurden, leiden meist an einem gebrochenen Herzen. Oft geben Eltern, die selbst eine gestörte Beziehung erlebt haben, ihr gebrochenes Herz an die nächste Generation weiter. Doch Jesus bietet hier Hilfe an:

Der Geist des Herrn ist auf mir, weil er mich gesalbt hat; er hat mich gesandt, den Armen frohe Botschaft zu verkünden, zu heilen, die zerbrochenen Herzens sind (Lukas 4,18a, Schlachter-Bibel).

Ablehnung öffnet eine Tür für Traurigkeit, für Herz- und andere Erkrankungen. Traurigkeit ist eine Wunde, die durch Annahme und Liebe geheilt werden kann. Im Alter entstehen hier oft alterstypische Krankheiten. Traurigkeit führt zur Altersdepression und als Folge davon häufig zu körperlichen Einschränkungen. Wir nennen das in der Pflege *Marasmus senilis* (allgemeine Altersschwäche und Bewegungsverarmung), in deren Verlauf der Körper immer mehr abbaut und die Organe ihre Funktionsfähigkeit verlieren. Aus Angst vor weiteren Verletzungen haben diese Senioren um sich herum eine Schutzmauer aus Rückzug, Kritik, Kälte, Zynismus, Zorn und Sarkasmus errichtet. Über die bekannten Herzerkrankungen und depressiven Erscheinungsformen hinaus sind weitere Zeichen oft Schlaflosigkeit, Schwerhörigkeit, Sehbehinderung und Demenz.

Die Betreuung von Pflegebedürftigkeit als Folge eines zerbrochenen Herzens ist nach meiner Erfahrung eine der schwierigsten Aufgaben für Pflegekräfte. Der Umgang mit Menschen, die ein zerbrochenes Herz haben, führt oft an die Grenze der eigenen Belastbarkeit. Pflegekräfte erleben hier einen ständigen Abbau der zu Pflegenden. Diese sind kaum kooperativ und zeigen sich beziehungslos. Das Geniale aber ist: Es gibt eine Lösung und eine nachhaltige Heilung. Wir dürfen hier verkünden, dass Gott unser Schutzwall und unsere Burg ist.

Ein feste Burg ist unser Gott, ein gute Wehr und Waffen. Er hilft uns frei aus aller Not, die uns jetzt hat betroffen (Martin Luther).

Wir haben erlebt, dass bei Senioren, die sich ihrer Verletzungen und der daraus resultierenden Abwehrmechanismen bewusst werden und über ihr Verhalten Buße tun und um Vergebung bitten, umgehend erste Zeichen von Heilung zu erkennen waren. Manches Mal müssen Tränen fließen, aber es ist, als ob sich ein eiserner Ring um das Herz gelöst hat.

Er heilt, die zerbrochenen Herzens sind, er verbindet ihre Wunden (Psalm 147,3).

Hier ist eine gute, seelsorgerische Alltagsbegleitung angebracht, um das Erfahrene nun umzusetzen.

Herr K., 64 Jahre alt, kam zur Aufnahme zu uns. Er war stark abgemagert und wirkte vorzeitig gealtert, wie ein uralter Mann. Er war zudem völlig ausgetrocknet, schlug um sich, wenn er pflegerisch versorgt werden sollte, und war nicht im Geringsten kooperativ. Wir überlegten, eine gerichtliche Verfügung zu beantragen, um ihn über eine PEG-Sonde ernähren zu können. Herr K. machte zudem den Eindruck, als sei er dement. Tag- und Nachtrhythmus gab es bei ihm nicht mehr, und er musste im Bett mit einem Gurt gesichert werden, da er sich und andere sonst massiv gefährdete. Bei der Grundpflege brach er einer Schwester den Daumen an. Er war realitätslos und scheinbar mit Worten nicht mehr erreichbar. Organisch bestand eine Herzerkrankung, die mit Digitalis-Medikamenten behandelt wurde. Zusätzlich bekam er hohe Dosen an Psychopharmaka. Seine Frau war völlig am Ende. Sie hatte über lange Zeit diesen Zustand in der häuslichen Situation erlebt, als Folge erlitt sie ein massives Burnout-Syndrom.

Da unsere Schwestern aufgrund der von ihm ausgehenden Aggressivität nun Angst bei der Betreuung hatten, erklärte ich mich bereit, dem Mann das Essen anzureichen. Ich setzte mich an sein Bett, und als Erstes betete ich laut um Gottes Hilfe bei der Betreuung und um Geduld. Den ersten Löffel mit Joghurt spuckte er mir entgegen. Auch der Versuch, ihm etwas zu trinken zu geben, schlug fehl. Er ließ alles aus seinem Mund herauslaufen. Obwohl er ein schmächtiger Mensch war, hatte er doch enorme Kräfte und versuchte, mich zu schlagen. Alle Versuche, im Guten oder in ernsthaftem Ton mit ihm zu reden, liefen ins Leere. Auch meine Gebete schienen ihn nicht zu erreichen. Ich entschied mich, den Mann in ein psychiatrisches Krankenhaus einweisen zu lassen, wollte damit aber noch bis zur nächsten Visite des Hausarztes warten und uns mit ihm drei Tage Zeit geben.

Als ich das nächste Mal zum Anreichen des Abendessens zu ihm kam, holte ich einen Mitarbeiter. Wir beteten laut, und der Mitarbeiter legte Herrn K. die Hände auf den Kopf. Es war das erste Mal, dass er nicht danach schlug. Er machte einen erschöpften Eindruck, und ich dachte, dass sich sein Zustand verschlechtert hätte und er kraftlos würde. Beim Füttern zeigte er nur geringen Widerstand, und ich schaffte es zum ersten Mal, ihm etwas zu essen und zu trinken zu geben.

Um eine lange Geschichte kurz zu machen: Wir betreuten Herrn K. im Kontext der Heils- und Schöpfungsgeschichte. Nach drei Tagen stand der Mann auf und nach einer Woche aß und trank er selbständig.

Ich musste in diesen Tagen auf eine Reise, als meine Pflegedienstleitung mich mit folgendem Wortlaut anrief: „Ich muss Ihnen etwas Tolles berichten. Herr K. geht mit seiner Frau um das Haus spazieren!" – Wir haben alle zusammen gejubelt und den Herrn gelobt und gepriesen.

Nach meiner Rückkehr sprach mich seine Frau an, sie wollte ihn wieder zu sich nach Hause holen. Ein Mensch, schon abgeschrieben und als dauerpflegebedürftig eingestuft war, wird gesund, weil er die Vergebung seines harten Herzens und den Heilsplan Gottes erfahren hat. Sein verlorenes Herz wurde wiedergefunden, und er entwickelt sich gut. Natürlich benötigt er noch Hilfe und Betreuung, aber eine Rückkehr nach Hause ist möglich. Alle sieben Punkte der Schöpfungsgeschichte bewirken hier eine wunderbare Heilung.

BOLLWERKE, DIE HEILUNG VERHINDERN WOLLEN

Gott ist treu, durch den ihr berufen worden seid in die Gemeinschaft seines Sohnes Jesus Christus, unseres Herrn (1. Korinther 1,9).

Immer wieder begegnet uns in Gesprächen mit unseren Senioren die Frage nach dem Sinn des Lebens, eine Frage, die sich jeder von uns immer wieder einmal stellt. Wir hören von vielen Verletzungen und seelischen Wunden, die uns bereits früh im Leben geprägt haben. Wenn wir alle Ergebnisse, die aus seelischen Wunden resultieren, mit einem Wort zusammenfassen, so heißt das: *Ablehnung*. Der größte Schmerz ist, nicht geliebt zu sein.

Ablehnung gibt es schon im Mutterleib, zum Beispiel, wenn Kinder zum Beispiel nicht gewollt sind, da sie unter bestimmten Umständen gezeugt wurden. Vielleicht waren die Eltern nicht verheiratet, vielleicht war der Zeitpunkt nicht günstig – im Krieg, inmitten einer Wirtschaftskrise, während der Ausbildung usw. Vielleicht waren da Gedanken wie: *Was soll ich jetzt mit einem Kind anfangen?* Manches Mal gab es auch Schwierigkeiten bei den Eltern. Sie vertrugen sich nicht. Hier wurde das Kind schon im Mutterleib abgelehnt, und so entstehen die ersten Wunden. Und auf jede Wunde, die einem Menschen zugefügt wird, reagiert er mit Bitterkeit, hier bereits im Mutterleib.

Aber das ungeborene Kind kann nicht reflektieren oder vergeben. Schon hier werden Weichen auch für spätere Krankheiten und sogar für Pflegebedürftigkeit im Alter gestellt. Bei Menschen, die als Kind nicht gewollt waren, oder wo die Eltern sogar über Abtreibung nachgedacht haben, entwickelt sich später der Eindruck, dass es für sie auf dieser Erde keinen Platz gibt, und daraus resultiert dann oft das Gefühl der Sinnlosigkeit.

Nach der Geburt wird das Kind durch seine Erfahrungen in der Familie geprägt. Wenn Eltern sich viel streiten und sich ablehnen, trifft es die Kinder voll, und sie fühlen sich dann selbst abgelehnt. Warum? Eben weil ein Kind noch nicht reflektieren kann. Zwar gilt die Ablehnung nicht ihm, doch wird es von dieser Stimmung getroffen. Ablehnung wird auch empfunden, wenn Eltern sich zum Beispiel ein anderes Geschlecht ihres Kindes gewünscht haben.

Wenn Suchterkrankungen in der Familie auftreten, kann man sich denken, welche Auswirkungen das hat, wie sich ein Gefühl von Kälte, Ausgeliefertsein und Schutzlosigkeit des Kindes bemächtigt.

Wenn Eltern sich trennen, geben sich Kinder häufig die Schuld daran. Oder wenn die Mutter den Vater schlecht-macht oder der Vater die Mutter, beeinträchtigt dies die Identität eines Kindes. Warum? Weil wir unsere Identität von unseren Eltern bekommen. Diese Verletzungen und Ablehnungen des Kindes machen die Seele krank. Das setzt sich später fort, zum Beispiel im Kindergarten und in der Schule. Was sagen Lehrer oder Mitschüler?

Alles, was im Leben passiert, wird wie auf einer Fest-platte gespeichert. Alles, was wir erleben, interpretiert unsere Seele. Wenn der Vater nie zu Hause ist, dann schließt unsere Seele daraus: „Ich bin nicht wichtig. Wenn ich wichtig wäre, dann würde er sich doch Zeit nehmen." Oder wenn jemand seelischen oder sexuellen Missbrauch erlebt hat, interpretiert die Seele das mit: „Ich werde nicht geschützt, weil ich nicht wichtig, nicht schützenswert bin." So entsteht das Gefühl von Minderwertigkeit, weil das Kind das nicht richtig reflektiert und deuten kann.

Nicht wertgeachtet, geliebt oder geschützt zu werden, verursacht einen unerträglichen Schmerz. Ein Bewohner unseres Pflegeheims erzählte mir einmal unter Tränen, dass sein Vater ihn als Null bezeichnet hat. Er hatte diese Aussage Zeit seines Lebens verdrängt, weil er die Folgen einer solche Aussage nicht hätte ertragen können.

Oft wird das, was uns im Leben an Ungutem passiert, verdrängt. Durch das Verdrängen entstehen Bollwerke. Menschen fangen an, alles, was sie nicht bekommen haben, zu kompensieren, zum Beispiel durch Leistung. Dies kann ein Bollwerk sein, um damit Anerkennung zu erhalten. Bei unserem Bewohner, den sein Vater als Null bezeichnet hatte, war es der Leistungssport als Profifußballer. Seine Ehe war nicht glücklich, weil er diesen Sport so massiv ausübte, dass nicht genügend Zeit für die Familie blieb.

Oder der Mangel wird durch eigene Gaben kompensiert, etwa durch äußerliche Schönheit oder durch Kleidung, wenn Mädchen mehr zeigen, als sie sollten, oder durch ein Statussymbol – das Auto, das Haus oder das eigene Pferd. Warum? Weil man gefallen möchte und Anerkennung braucht. Die Gaben werden durch eine ungeheilte Seele missbraucht.

Andere, die als Kind Verletzungen davongetragen haben, bauen sich ein Bollwerk des Wohlgefallens. Sie verhalten sich eher ruhig, ecken niemals an, ja nicht auffallen, damit kein Widerstand kommt.

Wir erleben dieses Verhalten oft bei unseren Seniorinnen. Das Leben war von Einfachheit und Angepasstsein geprägt. Es war kein Leben von Qualität, weil die Gaben nicht genutzt wurden.

Eine Seniorin in unserer Einrichtung hat eine wunderbare Stimme und singt seit einiger Zeit in unserem Chor mit. Sie ist sehr verwirrt, dement. Das Kurzzeitgedächtnis ist massiv gestört, aber sie kennt viele Kirchen- und Volkslieder auswendig. Mit ihrer Stimme hätte sie wirklich Menschen erfreuen können, hat dies aber nie genutzt. Jetzt, in unserem Heim, genießen wir ihre Gabe, und sie liebt es zu singen. So kommt Heilung in ihr Leben.

Es gibt Menschen mit einer verletzten Seele, die das Bollwerk der Manipulation einsetzen. Sie fühlen sich erst wohl, wenn sie andere so manipuliert haben, dass alles nach ihrem Willen geschieht, alle nach ihrer Pfeife tanzen.

Auch Perfektionismus ist so ein Bollwerk: Alles muss immer perfekt sein, damit man keinen Anlass für Ablehnung bietet. Für die Mitmenschen ist das oft sehr unangenehm, weil der Perfektionist seinen Anspruch auf andere überträgt.

Oder der Egoismus: „Nie hat sich jemand um mich gekümmert. Meine Eltern hatten kein Interesse an mir. Ich muss für mich selber sorgen." Das Ergebnis ist extrem egoistisches Verhalten, weil diese Menschen es nie erlebt haben, dass sich jemand anderes um sie gekümmert hat oder um sie besorgt war.

Auch Rebellion ist ein Bollwerk, wenn ein Mensch nicht das bekommt, was er vom Leben erwartet. Ein anderes Bollwerk ist der Stolz. Stolz bringt Besserwisserei hervor: „Ich schaffe das. Ihr werdet schon sehen, aus mir wird etwas." Alles, was der Stolz hervorbringt, entspringt der eigenen Anstrengung.

Eine weitere Festung ist die Lebenserkenntnis: „Ich bin alleine." Eine der häufigsten Erscheinungen im Alter ist die Vereinsamung. Lange Zeit habe ich gedacht, als Betreuer müssten wir alles tun, damit Menschen nicht vereinsamen, bis ich fühlte, dass Vereinsamung und Selbstmitleid nicht von außen verursacht werden, sondern vom Menschen selbst ausgehen. Er geht in eine Wüste, in die Klausur, in eine Vereinsamung, die uns Helfer immer mehr ausschließt. Ja, wir werden zu hilflosen Helfern.

Eine Seniorin, die sich sehr zurückzieht und an keinen Gemeinschaftsaktivitäten teilnimmt, sagte mir einmal, dass ihre Mutter den ganzen Tag gearbeitet hatte und sie auf die kleinen Geschwister aufpassen und den ganzen Haushalt hatte bestellen müssen. Sie musste alles alleine bewältigen, ohne eine Hilfe oder Unterstützung. Später hat sie nicht geheiratet, war völlig allein und hatte keine Freunde oder Bekannten um sich. Sie lehnt jede Hilfe ab und kann es nur schwer ertragen, hilflos zu sein. Ihre Seele bekommt keine Ruhe. Sie ist ständig getrieben, alles selber zu machen. Doch nun, in ihrer Pflegebedürftigkeit, muss sie kapitulieren. Sie kann sich nicht mehr alleine helfen. Hier besteht die Chance, dass sie nun zur Ruhe kommt wie ein Motor, der still steht, weil etwas defekt ist. Sie erfährt, dass sie erstmals *sein* darf, ohne etwas leisten zu müssen. Wir beten für sie um Heilung, dass sie Gott erlaubt, das Vakuum zu füllen.

Jesus ist der Liebhaber unserer Seele, und er möchte, dass sie zur Ruhe kommt. Festungen sind wie Hindernisse für Heilung und Veränderung. Gott möchte diese Hindernisse durch Wahrheit beseitigen und diese Bollwerke einreißen. Dazu müssen wir ihm erlauben, in diesen geistigen Keller hinabzusteigen. Oft geht das nicht ohne Schmerzen, weil Gott nun diese Situationen der starken Verletzungen mit uns überdenken will. Jesus will uns zeigen, dass wir nie alleine waren in diesen negativen Situationen, die wir als Kind erlebt haben, er war immer dabei. Jesus hat sich mit unserem Schmerz identifiziert, und es hat ihn genauso verletzt wie uns. Wenn wir das erfahren, wenn wir ihn an diesen Schmerz ranlassen, ihn diese alten Wunden reinigen lassen, ihm erlauben, diese Bollwerke einzureißen, dann können Fehlprägungen heilen. Oft ist das ein Prozess, und an uns, den Betreuern, ist es, einfach nur da zu sein. Manchmal braucht es gar nicht mehr.

HEILUNGSVERZÖGERUNG

„Ich bete schon so lange für Heilung, aber es hat nichts genutzt."

Die Heilung von Pflegebedürftigkeit ist nicht das Wichtigste, sondern die Freude darüber, dass wir erlöst und errettet sind und dass Jesus in uns wohnt. Es geht bei der Heilung immer um mehr als nur um die körperliche Heilung. Es geht um Heilung unserer Beziehungen, um Heilung in der Familie und der Ehe, um unsere Kinder, um Heilung der verwundeten Seele. Gott will umfassend heilen. Warum? Weil er durch uns verherrlicht werden will.

An dieser Stelle möchte ich Ihnen das Angebot machen, Ihr Leben Jesus zu übergeben – zum ersten Mal, oder es ganz bewusst neu zu tun. Im Anhang finden Sie dazu ein entsprechendes Gebet.

Beim Thema „Biblische Heilung" gibt es viele Vorurteile. Oft bringt eine besondere Form von Religiosität Auflehnung und Gegenargumente hervor. Manchmal höre ich die Frage: „Warum werden eigentlich nicht alle geheilt, für die gebetet wird?"

Zunächst haben wir erfahren, dass Heilung dort zunimmt, wo der Leib Christi, die Gemeinden, in Einheit zusammensteht.

DIE GABE DER HEILUNGEN

Denn dem einen wird durch den Geist das Wort der Weisheit gegeben; einem anderen aber das Wort der Erkenntnis nach demselben Geist; einem anderen aber Glauben in demselben Geist; einem anderen aber Gnadengaben der Heilungen in dem einen Geist (1. Korinther 12,8–9).

Immer wieder muss gesagt werden, dass Krankheit nicht von Gott, dem Lebensschöpfer kommt. Er schickt mir keine Krankheit, um mich zu prüfen. Gott ist ein Gott, von dem alles Gute kommt. Krankheit dient nie zur Verherrlichung Gottes, auch nicht zur Läuterung oder zum Mittragen des Leidens Jesu am Kreuz.

Gottes Wille ist Heilung. Er hat eine heile Schöpfung geschaffen.

Jedoch unsere Leiden – er hat sie getragen, und unsere Schmerzen – er hat sie auf sich geladen. Wir aber, wir hielten ihn für bestraft, von Gott geschlagen und niedergebeugt. Doch er war durchbohrt um unserer Vergehen willen, zerschlagen um unserer Sünden willen. Die Strafe lag auf ihm zu unserm Frieden, und durch seine Striemen ist uns Heilung geworden (Jesaja 53,4–5).

Jesaja sagt es hier ganz klar: Ganz gewiss hat *Er* unsere Schmerzen, unseren Kummer, Krankheit, Schwäche, Not und Trübsal erduldet. Gottes Reich ist angebrochen, auch das weist darauf hin, dass Heilung beginnt. Doch Heilung kann ausbleiben, wenn wir nicht im Willen Gottes leben.

Und er sprach: Wenn du willig auf die Stimme des HERRN, deines Gottes, hörst und tust, was in seinen Augen recht ist, seinen Geboten gehorchst und all seine Ordnungen hältst, dann werde ich dir keine der Krank-

heiten auferlegen, die ich den Ägyptern auferlegt habe;
denn ich bin der HERR, der dich heilt (2. Mose 15,26).

Ich habe einige Gründe zusammengetragen, die oft Ursache dafür sind, dass Heilung bei Pflegebedürftigkeit nicht oder verzögert eintritt.

FEHLENDER GLAUBE

Manchmal kann Heilung nicht geschehen, weil der Glaube fehlt. Da gab es so viel Enttäuschung im Leben. Wie oft wurde die Frage gestellt: „Gott, wo bist du?" – Gott war immer da, besonders an den schweren Tagen im Leben. Petrus, der Jünger Jesu, hat das erlebt, als er auf dem Wasser zu sinken drohte.

Sofort streckte Jesus seine Hand aus, fasste Petrus und sagte: „Du hast zu wenig Vertrauen! Warum hast du gezweifelt?" (Matthäus 14,31, Gute Nachricht).

KLEINGLAUBE

Manchmal kann Heilung nicht geschehen, weil es Kleinglauben in einer Gemeinde gibt oder weil persönlicher Zweifel da ist. Und dann wird auch oft die bekannte Frage gestellt: „Warum lässt Gott das zu?" – etwa dann, wenn jemand schwer erkrankt ist und Heilung aussichtslos erscheint.

Später kamen die Jünger allein zu Jesus und fragten ihn: „Warum konnten wir den bösen Geist nicht austreiben?" – „Weil ihr Gott nicht genug vertraut", sagte Jesus. „Ich versichere euch: Wenn euer Vertrauen auch nur so groß ist wie ein Senfkorn, dann könnt ihr zu dem Berg da sagen: ‚Geh von hier nach dort', und er wird es tun. Dann wird euch nichts mehr unmöglich sein" (Matthäus 17,19–20, Gute Nachricht).

Biblische Ordnung

Manchmal kann Heilung nicht geschehen, weil wir nicht in den Ordnungen Gottes leben. Kranke Menschen greifen oft nach dem sogenannten „letzten Strohhalm". Dieser besteht dann beispielsweise aus fernöstlichen Heilmethoden, esoterischen Angeboten oder Homöopathie, deren Wurzeln in östlichen Weisheitslehren und philosophischen Denksystemen zu finden sind.

Jesus aber antwortete und sprach zu ihnen: Ihr irrt, weil ihr die Schriften nicht kennt noch die Kraft Gottes (Matthäus 22,29).

Sünde

Manchmal kann Heilung nicht geschehen, weil Sünde aus der Vergangenheit da ist. In unserer Gesellschaft gibt es zum Beispiel immer noch den Geist von Judenverachtung und Nationalsozialismus sowie das Widerstreben gegen den Heiligen Geist. (In der „Berliner Erklärung" von 1909 wurde auf einer Konferenz der pietistisch geprägten Gemeinschaftsbewegung in Berlin eine Erklärung veröffentlicht, die eine scharfe Verurteilung der damals noch jungen Pfingstbewegung aussprach. Die sichtbaren Auswirkungen des Heiligen Geistes wurden als Erscheinungen „von unten", also vom Teufel, bezeichnet.)

Bekennt nun einander die Sünden und betet füreinander, damit ihr geheilt werdet! Viel vermag eines Gerechten Gebet in seiner Wirkung (Jakobus 5,16).

Angst, Furcht und Sorgen

Manchmal kann Heilung nicht geschehen, weil Angst, Furcht und Sorgen groß sind und wir uns nicht auf die Zusagen Gottes stützen. In langen Jahren der Betreuung von Senioren habe ich erfahren, dass Bangigkeit einer der sichtbaren Begleiter des Lebens ist. Das reicht von ganz erklärbarer Furcht bis hin zu völlig realitätsfernen Ängsten.

Ein gelassenes Herz ist des Leibes Leben, aber Wurm-fraß in den Knochen ist die Leidenschaft (Sprüche 14,30).

Mehr als alles, was man sonst bewahrt, behüte dein Herz! Denn in ihm entspringt die Quelle des Lebens (Sprüche 4,23).

KRITISCHE SITUATIONEN

Manchmal kann Heilung nicht geschehen, weil wir vergessen, uns in kritischen Situationen des Lebens auf Gottes Wort, die „göttliche Medizin", zu verlassen. Viele Senioren erleben Situationen, die für junge Menschen kein Problem darstellen, als extreme Herausforderung.

FEHLENDE GEDULD

Manchmal kann Heilung nicht geschehen, weil die Geduld fehlt – oftmals ist Heilung ein Prozess. Wir ergreifen unsere Vollmacht nicht jeden Tag neu, bleiben nicht dran und hören auf, für Kranke zu beten, weil sich Heilung nicht gleich einstellen will. Wir müssen wie Bartimäus eine Sehnsucht nach Heilung haben.

Und als er hörte, dass es Jesus, der Nazarener, sei, fing er an zu schreien und zu sagen: Sohn Davids, Jesus, erbarme dich meiner! (Markus 10,47).

FALSCHER BLICKWINKEL

Manchmal kann Heilung nicht geschehen, weil wir nicht auf Jesus sehen.

Heilung beginnt bei Jesus. Er hat für uns am Kreuz die Heilung erworben. Unsere Heilungsgebete dürfen nicht auf Menschen ausgerichtet sein, sondern nur auf Jesus. Wir müssen sagen: „Ich glaube, dass *Jesus* heilt."

Immer wieder erlebe ich, dass eines der Hauptthemen bei älteren Menschen Krankheit ist. Senioren haben oft den Blick so stark auf ihre Behinderung gerichtet, dass andere Gedanken kaum Platz finden, besonders auch, weil zu wenig über Heilung gelehrt wird.

Fürwahr, er trug unsre Krankheit und lud auf sich unsre Schmerzen. Wir aber hielten ihn für den, der geplagt und von Gott geschlagen und gemartert wäre. Aber er ist um unsrer Missetat willen verwundet und um unsrer Sünde willen zerschlagen. Die Strafe liegt auf ihm, auf dass wir Frieden hätten, und durch seine Wunden sind wir geheilt (Jesaja 53,4–5, Luther).

Ausreden

Manchmal kann Heilung nicht geschehen, weil Krankheit vorgeschoben wird, um Vorteile zu bekommen, etwa, um Krankengeld, Rente oder Arbeitslosengeld beziehen zu können. Ausreden beschuldigen alle anderen dafür, dass wir keine Heilung empfangen haben. Mit ähnlicher Intention benutzen Senioren ihre Krankheit manchmal, um ihre Kinder oder Enkel an sich zu binden: «Mir geht es so schlecht. Wann kommst du mich besuchen?»

Es war aber ein Mensch dort, der achtunddreißig Jahre mit seiner Krankheit behaftet war. Der Kranke antwortete ihm: Herr, ich habe keinen Menschen, dass er mich, wenn das Wasser bewegt worden ist, in den Teich werfe; während ich aber komme, steigt ein anderer vor mir hinab (Johannes 5,5.7).

FEHLENDES GEBET

Manchmal kann Heilung nicht geschehen, weil nicht genügend Anbetung da ist. Wir leben in Schwäche, wenn wir nicht anbeten (auch mit erhobenen Händen). Ein Loblied auf den gütigen und verzeihenden Gott: „Lobe den Herrn, meine Seele, und alles in mir seinen heiligen Namen!"

Senioren beten oft in Form eines religiösen Rituals, wie auswendig gelernte Gedichte, es fällt ihnen schwer, Gebete frei zu formulieren. Doch bei der Begegnung mit Gott geht es nicht um Religion, sondern um meine ganz persönliche Beziehung zu ihm.

LEBENSWEISE

Manchmal kann Heilung nicht geschehen, weil wir falsch leben, zu viel Kaffee trinken, falsche Essgewohnheiten haben oder zu wenig trinken – mit der Folge der Austrocknung. Schlafentzug, Burnout, Arbeitssucht, das alles sind Faktoren, die eine Heilung blockieren können.

Bei Senioren stellen wir sehr häufig Mangel- und Fehlernährung fest. Eine Nahrungsumstellung ist nur schwer zu bewerkstelligen, wie schon das Sprichwort sagt: „Was der Bauer nicht kennt, das isst er nicht."

Zu den häufigsten Komplikationen und Auslösern von Altersschwäche gehört die Exsikkose, das Austrocknen. Die Zellen alter Menschen können Flüssigkeit nicht mehr so gut speichern, anders als die junger Menschen. Das sieht man zum Beispiel an der Haut. Senioren brauchen, wenn keine ärztliche Indikation dagegen spricht, in der Regel zwei bis drei Liter Flüssigkeit innerhalb von vierundzwanzig Stunden.

Wisst ihr nicht, dass ihr Gottes Tempel seid und der Geist Gottes in euch wohnt? (1. Korinther 3,16).

DÄMONISCHE BELASTUNG

Manchmal kann Heilung nicht geschehen, weil eine dämonische Belastung vorliegt, etwa dann, wenn wir uns mit okkulten Praktiken beschäftigen. Aus Langeweile schmökern Senioren häufig in Zeitschriften der Boulevardpresse und werden animiert, ihr Horoskop zu lesen oder sich mit Wahrsagerei zu beschäftigen.

Und siehe, da war eine Frau, die achtzehn Jahre einen Geist der Schwäche hatte; und sie war zusammengekrümmt und völlig unfähig, sich aufzurichten (Lukas 13,11).

KEINE GEMEINSCHAFT

Manchmal kann Heilung nicht geschehen, weil Christen nicht in Einheit leben. Ein Thema, das uns in der Altenpflege immer wieder begegnet, sind die vielen Verletzungen aus gruppendynamischen Prozessen. Nicht selten gibt es Streit, Enttäuschungen und Verletzungen in christlichen Kreisen, die dazu führen, dass wiederholt die Gemeinde gewechselt wird oder dass man überhaupt nicht mehr in eine Gemeinde geht.

Einer trage des anderen Lasten, und so werdet ihr das Gesetz des Christus erfüllen (Galater 6,2).

LIEBESENTZUG

Manchmal kann Heilung nicht geschehen, weil zu wenig Liebe da ist. Viele Frauen sind krank, weil sie von ihren Männern zu wenig geliebt werden. Wir hören oft von Ehen, die nicht gut waren. Viele Senioren haben aus ihrer Ehe eine Zweckgemeinschaft gemacht, in der für Liebe und Vertrauen wenig Platz ist.

Leg mich wie ein Siegel an dein Herz, wie ein Siegel an deinen Arm! Denn stark wie der Tod ist die Liebe, hart wie der Scheol die Leidenschaft. Ihre Gluten sind Feuergluten, eine Flamme Jahs (Hohelied 8,6).

UNREINE GEDANKEN

Manchmal kann Heilung nicht geschehen, weil uns unreine Gedanken belasten. Gewalttätige oder pornografische Bilder oder Filme vergiften unsere Gedanken.

Wir erleben manches Mal einen erschreckenden Sarkasmus, mit dem sich Senioren äußern. Dahinter steckt viel negatives und krank machendes Gedankengut.

Der HERR lässt nicht hungern die Seele des Gerechten, aber die Gier der Gottlosen stößt er zurück (Sprüche 10,3).

RELIGIÖSER GEIST

Manchmal kann Heilung nicht geschehen, weil fromme Traditionen und Formen Heilung behindern. Wir beobachten bei Senioren bisweilen einen religiösen Geist, dessen Ursache häufig ein Kontrollverhalten ist: Wir wollen die Kontrolle haben. Religiöse Geister wollen Fehler finden, kritisieren und richten. Solche Menschen haben sich bereits eine Meinung gebildet und lassen andere Formen der Frömmigkeit nicht zu. Religiosität kann die Kraft der Heilung verhindern, wenn das Einhalten von Traditionen, Zeiten, Regeln, Methoden und das äußere Erscheinungsbild im Vordergrund stehen.

Wenn ich in den Sprachen der Menschen und der Engel rede, aber keine Liebe habe, so bin ich ein tönendes Erz geworden oder eine schallende Zimbel (1. Korinther 13,1).

KRAFTVOLLE MEDIZIN

Wir pflegen und beziehen biblische Prinzipien mit ein, der Arzt behandelt und Gott heilt.

Das Wort Gottes ist eine kraftvolle Medizin, die jede Krankheit und jedes Leiden heilt. Sie kann uns vor Pflegebedürftigkeit bewahren, wenn wir sie täglich einnehmen, und sie kann uns in einen ausgezeichneten Gesundheitszustand zurückversetzen. Diese Medizin ist zu jeder Zeit unseres Lebens verfügbar. Sie erspart uns den Doktor oder die Fahrt zur Apotheke.

Mein Sohn, auf meine Worte achte, meinen Reden neige dein Ohr zu! Lass sie nicht aus deinen Augen weichen, bewahre sie im Innern deines Herzens! Denn Leben sind sie denen, die sie finden, und Heilung für ihr ganzes Fleisch. – Mehr als alles, was man sonst bewahrt, behüte dein Herz! Denn in ihm entspringt die Quelle des Lebens. – Lass weichen von dir die Falschheit des Mundes und die Verdrehtheit der Lippen entferne von dir! (Sprüche 4,20–24).

Die Verse enthalten die übernatürliche Medizin Gottes für unsere Heilung. Diese Medizin hilft uns auch, eine empfangene Heilung zu behalten. Sie hilft uns, bis zur vollständigen Wiederherstellung an der Heilung festzuhalten, auch wenn noch Symptome oder chronische Beschwerden da sind. Diese Medizin sollen wir jeden Tag einnehmen.

Wie wirkt sie? Indem wir Gottes Wort als mehr verstehen als nur als Geschichte oder Information.

Der Geist ist es, der lebendig macht; das Fleisch nützt nichts. Die Worte, die ich zu euch geredet habe, sind Geist und sind Leben (Johannes 6,63).

Immer, wenn wir Gottes Wort als Medizin in unserem Herzen aufnehmen und danach handeln, wird Heilung eintreten. Wir sollten diese heilenden Bibelstellen immer und immer wieder lesen und aussprechen.

Denn das Wort Gottes ist lebendig und wirksam (Hebräer 4,12a).

Die Medizin Gottes ist aktiv, energiespendend und effektiv. Dieses Wort Gottes trägt in sich die lebendige Kraft, wenn wir es in unserem Herzen aufnehmen. Immer wieder begegnen mir Menschen, die mir sagen, dass sie sehr fromme Geschwister kennen, die sehr „bibelfest" sind und trotzdem pflegebedürftig wurden. Mag sein. Aber in der Schriftstelle steht zunächst nicht, dass wir die Bibel kennen sollten, sondern dass wir auf das Wort *achthaben* sollen:

Mein Sohn, auf meine Worte achte, meinen Reden neige dein Ohr zu! (Sprüche 4,20).

Achtsam sein bedeutet, die Angelegenheit zu unserer ersten Priorität zu machen. Unsere Pflegekräfte geben auf unsere Bewohner acht, das heißt, sie schauen beständig nach ihnen. Wenn der Arzt oder die Familie sie über diesen Patienten befragen, dann fällt es ihnen nicht schwer, eine Auskunft zu geben. Genauso ist es mit der Medizin Gottes, seinem heilenden Wort.

Mein Sohn, achte auf meine Worte; lass das, was ICH sage, deine Zustimmung finden, und ordne dich diesem Wort unter (Sprüche 4,20, nach der *Amplified Bible*).

Nimm die Medizin genau ein

Die Lampe des Leibes ist das Auge; wenn nun dein Auge klar ist, so wird dein ganzer Leib licht sein; wenn aber dein Auge böse ist, so wird dein ganzer Leib finster sein. Wenn nun das Licht, das in dir ist, Finsternis ist, wie groß die Finsternis! (Matthäus 6,22–23)

Bei diesem Vers muss ich an unsere Lichttherapie denken, die wir seit fünfzehn Jahren erfolgreich anwenden. Ein mobiler Lichtschirm mit einer besonderen Helligkeitsstrahlung wird für 5 bis 15 Minuten bei unseren an einer depressiven Erkrankung leidenden Bewohnern eingesetzt. Das helle Licht bewirkt eine Ausschüttung von Hormonen, die uns das ähnliche Gefühl geben, als wenn draußen die Sonne scheint.

Süß aber ist das Licht, und gut für die Augen ist es, die Sonne zu sehen (Prediger 11,7).

Die Augen sind die Eingangstüren zu unserem Körper. Wenn unsere Augen, oder besser gesagt: unsere Aufmerksamkeit, auf Gott ausgerichtet sind, dann wird unser Körper mit dem Licht der Heilung durchstrahlt.

Wenn wir Gottes Medizin regelmäßig, exakt und direkt einnehmen, dann kommt Heilung.

Ich möchte hier einen Vergleich zu einer ärztlich verordneten Medizin einfügen. Kein Kranker würde doch die verschriebene Medizin in Erwartung einer Heilung ohne Einnahme stehen lassen und dann den Arzt anrufen, um sich zu beklagen, dass das Medikament nicht hilft.

Viele Christen machen das aber so. Sie beten um Heilung, nehmen aber die von Gott bereitgestellte Medizin nicht ein. Manchmal nehmen sie eine Dosis, zum Beispiel am Sonntag beim Gottesdienst, aber den Rest der Woche ist keine Zeit für Gottes Wort.

Viele Christen haben nicht erkannt, dass geistliche Dinge sichtbare Dinge verändern können. Das Wort Gottes ist die Quelle, die Heilung in Existenz bringt.

... durch dessen Striemen ihr geheilt worden seid (1. Petrus 2,24b).

... denn ich bin der HERR, der dich heilt (2. Mose 15,26b).

Und das Gebet des Glaubens wird den Kranken retten, und der Herr wird ihn aufrichten (Jakobus 5,15a).

HEILUNGSEINTRITT

Anstatt zu sagen: „Ich bin geheilt", sagen die meisten Christen: „Ich bin krank!" und verstärken dadurch umso mehr die Krankheit oder ihr Leid. Worte haben Macht.

Er bitte aber im Glauben, ohne irgend zu zweifeln; denn der Zweifler gleicht einer Meereswoge, die vom Wind bewegt und hin und her getrieben wird. Denn jener Mensch denke nicht, dass er etwas von dem Herrn empfangen werde, ist er doch ein wankelmütiger Mann, unbeständig in allen seinen Wegen (Jakobus 1,6–8).

Wir sollen nicht mutlos sein, wenn uns Krankheitssymptome über längere Zeit begleiten. Obwohl Heilung viele Male sofort eintritt, gibt es auch Zeiten, wo Heilung ein Prozess ist. Wenn wir zu einem Arzt gehen, sind unsere

Beschwerden auch nicht sofort weg. Manchmal müssen wir die verordnete Medizin über eine längere Zeit einnehmen, bis sie wirkt. So ist es auch mit Gottes Wort. Wenn wir damit beginnen, seine Medizin einzunehmen, ist das der Beginn unseres Heilungsprozesses.

Wenn Heilung manchmal länger dauert, dann will der Teufel Zweifel säen und uns weismachen, dass das so nicht funktioniert. Dann sollten wir Satan laut zurückweisen und seinen Lügen nicht glauben, weil Gottes Wort die Wahrheit ist.

Denn unser Kampf ist nicht gegen Fleisch und Blut, sondern gegen die Gewalten, gegen die Mächte, gegen die Weltbeherrscher dieser Finsternis, gegen die geistigen Mächte der Bosheit in der Himmelswelt. Deshalb ergreift die ganze Waffenrüstung Gottes, damit ihr an dem bösen Tag widerstehen und, wenn ihr alles ausgerichtet habt, stehen bleiben könnt! So steht nun, eure Lenden umgürtet mit Wahrheit, bekleidet mit dem Brustpanzer der Gerechtigkeit (Epheser 6,12–14).

Abraham ist ein gutes Vorbild. Anstatt auf die Umstände seines Alters zu schauen, konzentrierte er sich auf Gott und glaubte und vertraute ihm.

Und nicht schwach im Glauben, sah er seinen eigenen, schon erstorbenen Leib an, da er fast hundert Jahre alt war, und das Absterben des Mutterleibes der Sara und zweifelte nicht durch Unglauben an der Verheißung Gottes, sondern wurde gestärkt im Glauben, weil er Gott die Ehre gab (Römer 4,19–20).

IN DER HEILUNG BLEIBEN

Manchmal werden wir gefragt, was wir tun, wenn Symptome einer bereits geheilten Krankheit zurückkommen. Auch bei unseren Heimbewohnern können Krankheitssymptome durchaus wieder auftreten.

In unserem Heim wurde eine 79-jährige Bewohnerin, ich nenne sie mal Änne, von einer langjährigen Depression geheilt. Eines Tages erzählte sie mir, dass sie in den letzten zwei Tagen wieder unter Schlafstörungen und Appetitlosigkeit leide, und dass dieses auch die Hauptsymptome ihrer depressiven Erkrankung gewesen seien. Sie fragte mich, ob ich ihr helfen könne. Ich antwortete: „Ja, in Jesu Namen kann ich das", und ich erzählte ihr, dass sie geheilt wurde, weil wir in unserem Mitarbeiterteam daran geglaubt und dafür gebetet hatten. Ich erzählte ihr das Gleichnis von dem Mann, der sein Haus auf Sand gebaut hat. Der Sturm hat es zerstört, weil es auf keinem festen Fundament stand.

Und jeder, der diese meine Worte hört und sie nicht tut, der wird mit einem törichten Mann zu vergleichen sein, der sein Haus auf den Sand baute; und der Platzregen fiel herab, und die Ströme kamen, und die Winde wehten und stießen an jenes Haus; und es fiel, und sein Fall war groß (Matthäus 7,26–27).

Die Symptome kommen manchmal wie ein Sturm, den Satan schickt, um uns zu täuschen. Er will uns verwirren und die empfangene Heilung in Frage stellen. Damit will er das Haus der Gesundheit zerstören, sodass die Krankheit zurückkommt. Ich sagte zu Änne: „Sie sollten Folgendes tun: Gottes Wort studieren und sich darauf stellen." Ich gab ihr den Rat, Gottes Wort wie Medizin einzunehmen, also möglichst drei Mal täglich darin zu lesen. Wir verstehen Gott am besten, wenn wir sein Wort als Quelle der Realität nehmen und nicht die Symptome einer längst geheilten Krankheit. Wenn wir gewiss sind, dass Gott uns geheilt hat, wenn wir das so genau wissen, wie eins und eins zwei ist, dann wird die Krankheit jegliche Macht verlieren.

Jedoch unsere Leiden – er hat sie getragen, und unsere Schmerzen – er hat sie auf sich geladen. Wir aber, wir hielten ihn für bestraft, von Gott geschlagen und niedergebeugt (Jesaja 53,4).

... damit erfüllt würde, was durch den Propheten Jesaja geredet ist, der spricht: „Er selbst nahm unsere Schwachheiten und trug unsere Krankheiten" (Matthäus 8,17).

Wenn wir die Kraft und die Autorität erfahren haben, die in Jesu Namen ist, dann brauchen wir keine Angst zu bekommen, wenn die Symptome einer Krankheit wieder auftreten. Dann können wir Satan widerstehen, weil wir wissen, diese Symptome verschwinden im Namen Jesu. Wenn dies geschieht, wenn wir geheilt werden, dann sollten wir immer wieder beten und sagen: „Ich danke dir, Herr Jesus, für meine Heilung. Alle Ehre sei dir!" Satan hat kein Recht, Symptome oder die Krankheit an sich zurückkehren zu lassen.

Unser Glaube steht gegen das Wiederauftreten von Symptomen. Menschen, die Heilung durch Handauflegen, durch Gebet, durch das Salben mit Öl oder durch das Abendmahl erfahren haben, bleiben in der Heilung, wenn sie Gottes Wort zur Grundlage ihres Lebens machen. Manches Mal werden wir mit Hilfe anderer Gläubiger in Jesu Namen geheilt. Nun ist es wichtig, selbst ein festes Fundament des Glaubens aufzubauen.

Jeder nun, der diese meine Worte hört und sie tut, den werde ich mit einem klugen Mann vergleichen, der sein Haus auf den Felsen baute; und der Platzregen fiel herab, und die Ströme kamen, und die Winde wehten und stürmten gegen jenes Haus; und es fiel nicht, denn es war auf den Felsen gegründet (Matthäus 7,24–25).

Ich habe in Tansania einige Jahre lang ein psychiatrisches Krankenhaus der evangelischen Kirche geleitet. Einer der Dorfbewohner, ein wichtiger Mann, erkrankte schwer an Malaria, sodass die Dorfältesten zu mir kamen und um Hilfe baten. Ich ging zu dem Kranken und spritzte ihm Penicillin. Sein Zustand war auf der Kippe. Ich betete und bat dann alle, uns an den Händen zu fassen und zusammen zu beten. Nach wenigen Stunden trat eine Besserung ein, und wir waren guter Hoffnung, dass die Malaria überwunden war. Doch in der Nacht starb der Mann. Ich war traurig und berief mich darauf, dass wir manchmal nicht wissen, warum Gott einen heilt und einen anderen nicht. Tage später hörte ich, dass ein *Mchawi*, ein Geisterheiler, im Ort zu Besuch gewesen war, der durch einen Zauber alle Häuser im Dorf spiegelte (eine in Ostafrika weit verbreitete okkulte Handlung mit einem magischen Spiegel) und Zaubersprüche sprach. Obwohl ich lange dort in diesem afrikanischen Dorf als Weißer lebte, wurden solche Praktiken vor uns verheimlicht. Hätte ich eher davon gewusst, hätte ich anders gebetet.

Wenn wir geheilt werden, ob bei einer Heilungsversammlung, durch Gebet, Handauflegen, dann müssen wir diese Kraft in Jesu Namen als alleinige Heilungskraft empfangen. Es gibt nicht nur in Afrika spiritistische Mächte, die uns die Heilung rauben wollen. Aberglaube, Horoskope oder Wahrsagerei haben in unserem Leben nichts zu suchen.

Einmal wurde ich mitten in der Nacht von unserer Nachtschwester gerufen. Eine Bewohnerin hatte große Schmerzen, litt an Rheuma. Seit Längerem war ich mit ihr im Gespräch, aber es fiel ihr schwer, an einen persönlichen Gott zu glauben. Ich sagte ihr damals, sie könne mich zu jeder Zeit holen lassen, wenn ihre Schmerzen unerträglich würden.

Nun, als ich in dieser Nacht zum Pflegeheim ging (wir wohnen etwa zweihundert Meter entfernt), spürte ich, wie der Heilige Geist mich erfüllte. Ich legte Frau S. die Hände auf und betete in Jesu Namen um Befreiung von den Schmerzen, doch sie gingen nicht weg. Als ich sie dann fragte, wo die Schmerzen seien, merkte ich, dass sie mich nicht verstehen konnte, und stellte dann fest, dass sie ihr Hörgerät nicht trug. Nun betete ich noch einmal sehr laut und langsam, damit sie es verstehen konnte, und die Schmerzen wurden weniger, sodass sie gut einschlief.

Später sprach ich mit ihr so über den Glauben, dass sie es hören und verstehen konnte, denn auch mit Hörgerät hören manche Senioren nicht so gut, weil das Denken mit dem Hören nicht mehr Schritt halten kann. Mir wurde klar, dass Frau S. mich in der Vergangenheit nicht genügend verstanden hatte und meine Gespräche eine Überforderung für sie gewesen waren. Heute ist sie auf einem guten Weg. Wir beten viel für Heilung des Rheumatismus und sie bekommt eine gute medikamentöse Therapie. Die Schmerzen kommen und gehen. Wir wissen, dass Heilung bei ihr ein Prozess ist, und in diesem Sinn beten wir.

Gerade bei unseren Senioren müssen wir beachten, dass es physiologische Altersprozesse gibt. Als junge Menschen denken wir oft zu schnell, Ältere benötigen etwas mehr Geduld, bis sie unser Anliegen begreifen.

Übrigens gibt es hier einige gute Methoden, das Denken zu trainieren. Ich nenne kurz zwei davon:

Wenn Senioren mit Kindern zusammen sind, passiert Folgendes. Kinder denken und handeln oft vier bis fünf Mal schneller als Senioren. Oft versuchen sich die Senioren dann auf die Kinder einzustellen, und so wird das Denken trainiert.

Eine wissenschaftlich bewiesene Hilfe ist es, wenn Senioren noch ein Musikinstrument spielen lernen. Dafür müssen die Feinmotorik, das Gedächtnis und das Vorausdenken auf die nächste Note trainiert werden. Schon nach einer Woche ist eine Erweiterung der Gedächtnisleistung um dreißig bis fünfzig Prozent zu messen.

Wenn Senioren mit einer Pflegebedürftigkeit auf dem Weg der Besserung sind und Heilung kommt, so ist es unser Anliegen, sie auch weiterhin zu begleiten. Wir machen all die therapeutischen Angebote, die es in fast allen Pflegeeinrichtungen gibt. Dazu gehört Gymnastik genauso wie Gedächtnistraining, Ergotherapie, Lichttherapie, Musiktherapie und Logopädie. Auch eine gute ärztliche Begleitung durch den Hausarzt und die Fachärzte ist wichtig. Über allem steht das Motto unserer Einrichtung:

„Von guten Mächten wunderbar geborgen, erwarten wir getrost, was kommen mag. Gott ist bei uns am Abend und am Morgen und ganz gewiss an jedem neuen Tag" von Dietrich Bonhoeffer.

Frau K. lebt seit zwei Jahren in unserer Einrichtung. Sie hat keine Angehörigen mehr, die sich um sie kümmern könnten. Sie ist geplagt von Asthma, und wenn sie einen Anfall bekommt, benötigt sie Sauerstoff über ein transportables Gerät. Als ich einmal auf ihren Wunsch hin für sie um Heilung gebetet hatte, war kein Unterschied zu erkennen, sie bekam weiterhin Asthmaanfälle. Daraufhin sagte sie: „Vielleicht hilft das Gebet ja einmal, aber die Anfälle kommen doch immer wieder zurück." Es fällt Frau K. schwer, an Heilung zu glauben, weil die Krankheit zu viel Macht besitzt.

Wir müssen lernen, an der Heilung festzuhalten, auch wenn wir sie noch nicht sehen. Es ist wichtig, den Fluch der Krankheit zu brechen und den zurückkehrenden Geistern in Jesu Namen zu gebieten zu gehen. Jesus hat die Krankheit bereits getragen. Viele Christen glauben dem Teufel mehr als Gott, wenn sie den Zusagen einer Heilung misstrauen. Dazu diese Anekdote:

Kaiser Wilhelm I. fragte einst den Oberhofprediger Rudolf Kögel: „Glauben Sie noch an den Teufel?" – „Nein, Majestät!", lautete die Antwort. „Ich glaube an Gott, den Vater, den Sohn und den Heiligen Geist! Aber ich rechne mit dem Teufel!"Wie immer Satan beschrieben wird, er ist der „Gegen-Gott", der „Gegen-Christus".

Und Jesus trat zu ihnen und redete mit ihnen und sprach: Mir ist alle Macht gegeben im Himmel und auf Erden (Matthäus 28,18).

In unserer Einrichtung erzählte mir ein 81-jähriger Mann, dass bei ihm eine Missbildung der Herzklappe diagnostiziert wurde, eine Operation in seinem Alter sei nicht zu empfehlen. Nun hatte er gelesen, dass man zu jeder Zeit sterben kann, wenn ein Herzklappenfehler vorliegt. Er sagte mir, dass er oft nachts aufwacht und Angst hat, dass er stirbt. Auch zu seiner Familie und zu seinen Freunden redet er oft von dieser Angst. Unsere Betreuer sind schon recht genervt, weil Herr L. immer wieder davon spricht. Auch Trost oder Mitleid helfen nicht, ihn von diesem Gedanken abzulenken. Seine Familie kommt kaum noch zu Besuch, weil sie sich mit der Situation überfordert fühlt. Herr L. ist von einer Angst beherrscht, die ihm jegliche Lebensqualität rauben will. Er nimmt an keinen Angeboten teil und ist nicht zu animieren, mal spazieren zu gehen oder etwas zur Ablenkung zu tun. Seine Gedanken sind beherrscht von Todesfurcht und machen ihn dadurch zum pflegebedürftigen Menschen. Angst kann auch ein Geist sein, der von jemandem Besitz ergreift.

Mehr als auf alles andere achte auf deine Gedanken, denn sie entscheiden über dein Leben (Sprüche 4,23, Gute Nachricht).

Dunkle Gedanken wie Ärger, Hoffnungslosigkeit, Zweifel, Unzufriedenheit, Groll machen krank oder halten uns in einer Krankheit gefangen. Die Bibel spricht hier von Sünde. Die Lösung dafür, der Ausweg, liegt darin, dass wir unsere Sünden bekennen, um Vergebung dafür bitten und Befreiung erfahren:

Wenn wir unsere Sünden bekennen, ist er treu und gerecht, dass er uns die Sünden vergibt und uns reinigt von jeder Ungerechtigkeit (1. Johannes 1,9).

Die Bibel erklärt uns sehr gut, wie wir die Krankheit und somit Satan überwinden können. Satan hat nur ein Ziel: Er will uns auf jede Weise zerstören, und er versucht es oft mit Krankheit. Doch wir dürfen wissen, dass Jesus für unsere Sünden, Lasten und Krankheit gestorben ist.

Unterwerft euch nun Gott! Widersteht aber dem Teufel! Und er wird von euch fliehen (Jakobus 4,7).

Wenn die Symptome einer Krankheit wiederkommen wollen, dann sollten wir ihnen wie folgt begegnen. Wir sagen: „Ich weise die Symptome zurück. Im Namen Jesus, ihr müsst jetzt gehen." Und dann danken wir Jesus dafür.

Manches Mal, wenn Symptome einer Erkrankung oder Pflegebedürftigkeit wieder auftreten wollen, sind wir geneigt zu fragen: „Warum?" Wenn wir so denken, kann ein Gebet oft nicht viel ausrichten. Krankheit ist nicht von Gott, weil bei Gott keine Krankheit ist.

Wenn die Symptome einer Pflegebedürftigkeit zurückkommen, hilft ein Bekenntnis als Gebet. „Im Namen Jesus Christus, ich gebiete den Symptomen der Pflegebedürftigkeit, nicht länger in meinem Körper zu sein. Mein Körper ist ein Haus Gottes, ja, er ist sein Tempel. Satan hat kein Anrecht in Gottes Tempel, meinem Körper, zu sein. Er gehört Gott allein. Deshalb raus. Verlass meinen Körper im Namen Jesu. Gott allein hat Autorität über meinen Körper. Ich halte meine Heilung fest und lasse sie mir nicht mehr rauben. Gott allein sei alle Ehre."

Wisst ihr nicht, dass ihr Gottes Tempel seid und der Geist Gottes in euch wohnt? Wenn jemand den Tempel Gottes verdirbt, den wird Gott verderben; denn der Tempel Gottes ist heilig, und der seid ihr (1. Korinther 3,16–17).

HINTERGRÜNDE DES GLAUBENS AN HEILUNG

Die Bibel lehrt, dass es ohne Glauben unmöglich ist, vollständige Heilung für unser Leben zu bekommen. Wenn wir um Heilung für unseren Körper und unsere Seele bitten, ist der Glaube die Heilungsgrundlage. Nicht wir heilen, Gott tut es.

Ohne Glauben aber ist es unmöglich, ihm wohlzugefallen; denn wer Gott naht, muss glauben, dass er ist und denen, die ihn suchen, ein Belohner sein wird (Hebräer 11,6).

Der Glaube ist also die Gewissheit, dass wir etwas haben und deshalb handeln, ohne es vielleicht schon zu sehen. Zum Beispiel: Wenn wir eine Flugreise unternehmen, kann ich mir das Flugzeug ansehen, ob es zwei Flügel hat und ein Heck usw. Bin ich überzeugt, dass es fliegen kann, dann steige ich ein. Sollte ich das jedoch bezweifeln, werde ich auch nicht einsteigen. So ist es auch mit unserem Glauben für Heilung. Da ich Glauben habe, habe ich die Gewissheit, dass Gott heilt, und handle danach, so wie ich in das Flugzeug einsteige. Der Glaube ist die Überzeugung von etwas, was wir bereits wissen, also die Konsequenz aus unserem Wissen.

Aber ohne Glauben ist's unmöglich, Gott zu gefallen; denn wer zu Gott kommen will, der muss glauben, dass er ist und dass er denen, die ihn suchen, ihren Lohn gibt (Hebräer 11,6, Luther).

91

Richard Hays schreibt dazu in seinem Buch „Die 5 Wahrheiten des Evangeliums":

Wenn du eine Uhr siehst und den Schluss ziehst, es gäbe keinen Uhrmacher, und die Uhr ein Zufall ist, missachtest du deine eigenen Fähigkeiten, logisch zu denken, und das ist Dummheit. Wenn du also eine Uhr siehst, dann weißt du, es gibt einen Uhrmacher. Wenn du aber die Schöpfung siehst, z. B. eine Blume, dann wäre es dumm und unlogisch, keinen Schöpfer dahinter zu sehen.

Wenn Gott uns Heilung zusagt, wäre es dumm, diese Zusage in Frage zu stellen.

Wenn ich zu einem Arzt gehe, weil ich Herzbeschwerden habe, so wird er ein EKG machen, mein Blut untersuchen, und, wenn nötig, mir ein Herzmedikament verschreiben. Was der Arzt aber nicht weiß, weil ich es ihm nicht sage (außer, er fragt mich danach), ist, dass die Herzbeschwerden mit meiner Ehekrise zu tun haben.

Gott ist klar, und er will mich heilen, doch nicht mit Digitalispräparaten. Er will meine Ehe heilen, und dann darf ich ziemlich sicher sein, dass auch meine Herzbeschwerden weggehen. Gott weiß alles und hat alle Macht. Durch sein Wort wurde das Universum geschaffen. So kann er auch alles heilen.

Ach, Herr, HERR! Siehe, du hast den Himmel und die Erde gemacht durch deine große Kraft und durch deinen ausgestreckten Arm, kein Ding ist dir unmöglich (Jeremia 32,17).

Was dem Arzt verborgen bleibt, und weshalb Heilung immer auch unvollkommen ist, ist vor Gott offenbar. Wenn mit dem verschriebenen Medikament das Herzproblem kuriert wird, aber meine Ehe nicht geheilt ist, so werde ich früher oder später über andere Beschwerden klagen, zum Beispiel über Magenprobleme.

Also, wenn wir Gottes Charakter kennenlernen und wissen, dass vor ihm nichts verborgen ist, und dass es Gottes Liebe ist, die all den Dreck erträgt, der mich betrifft, dann darf ich im Glauben seine Heilung annehmen.

Nachdem ein Bewohner seiner Frau bekannte, dass er fremdgegangen war, fiel offensichtlich eine große Last von ihm ab.

Ein Sohn war während einer Andacht im Pflegeheim so stark bewegt, dass er seiner Mutter bekannte, dass er sie oft belogen hatte.

Der Volksmund kennt die „Leiche im Keller", also ein intimes Geheimnis, das nicht offenbar werden soll. Wer seine „Leiche", sein Geheimnis, an das Kreuz bringt und es offenbart, ist weder ein Schwächling, noch macht er sich lächerlich, sondern er findet Befreiung und Heilung. Auch hier möchte ich noch einmal auf das Übergabegebet im Anhang hinweisen.

Ich lebe in ihnen und du lebst in mir; so sollen auch sie vollkommen eins sein, damit die Welt erkennt, dass du mich gesandt hast und dass du sie, die zu mir gehören, ebenso liebst wie mich (Johannes 17,23, Gute Nachricht).

Hier wird deutlich: Gott lässt uns durch sein Wort sagen, dass er uns genauso liebt. Wenn wir das erkennen, dann dürfen wir zuversichtlich auf unsere Heilung zugehen. Unsere Schritte im Glauben sollen dazu führen, dass wir unsere bisherige Denkweise überprüfen. Wenn ich weiß, dass Gott, unser Vater, es nicht mag, dass ich lüge oder stehle, und dass er mich dabei erwischen wird, weil vor ihm alles offen ist, dann formt das meinen Charakter. Und wenn ich sein Wort im Gehorsam tue, dann habe ich seine Verheißung der Heilung.

Und er sprach: Wenn du willig auf die Stimme des HERRN, deines Gottes, hörst und tust, was in seinen Augen recht ist, seinen Geboten gehorchst und all seine Ordnungen hältst, dann werde ich dir keine der Krankheiten auferlegen, die ich den Ägyptern auferlegt habe; denn ich bin der HERR, der dich heilt (2. Mose 15,26).

Wenn unser Glaube weiß, dass es grundsätzlich Gottes Wille ist, Menschen von Pflegebedürftigkeit und Krankheiten zu heilen, dann werden auch durch unsere Gebete Heilungen geschehen. Ich möchte an dieser Stelle einmal zeigen, dass es Gottes Wille schon am Anfang des Alten Testamentes war, auch Pflegebedürftigkeit zu heilen.

Er führte sie heraus mit Silber und Gold; es war kein Gebrechlicher unter ihren Stämmen (Psalm 105,37, Luther).

Der Psalmschreiber besingt den Auszug des Volkes Israel aus der ägyptischen Gefangenschaft. Wir müssen uns das so vorstellen: Es war nicht eine Handvoll Gefangene, nein, es war eine Völkerwanderung von rund drei Millionen Menschen.

Also zogen die Israeliten aus von Ramses nach Sukkot, sechshunderttausend Mann zu Fuß ohne die Frauen und Kinder. Und es zog auch mit ihnen viel fremdes Volk, dazu Schafe und Rinder, sehr viel Vieh (2. Mose 12,37–38, Luther).

Frauen, Kinder und Alte – und es war kein Schwacher oder Kranker unter ihnen! So, wie es Gottes Wille ist, dass jeder Mensch errettet wird, und er dem, der seine Sünden bekennt, Vergebung gewährt, so möchte er auch keine Krankheit oder Pflegebedürftigkeit bei seinen Kindern.

IST BIBLISCHE HEILUNG HEUTE NOCH AKTUELL?

Wenn ich über Heilung von Pflegebedürftigkeit referiere, beginne ich meist, indem ich meine Zuhörer frage, ob jemand an einer Krankheit leidet. Es bewegt mich immer, wie viele Menschen Probleme haben, wie zum Beispiel Schwerhörigkeit, Sehprobleme, Allergien, Rückenschmerzen oder dergleichen. Meist zeigen siebzig bis achtzig Prozent der anwesenden Personen auf.

Beim Anschauen diverser Statistiken kommt man unweigerlich zu dem Schluss, dass etwa fünfundsiebzig Prozent der Deutschen an Krankheitssymptomen leiden. Wohlgemerkt, ich rede hier nicht von einem Dritte-Welt-Land, sondern vom modernen Deutschland mit hoch technisierter und zeitgemäßer medizinischer Versorgung.

Ich bewege mich viel in christlichen Kreisen und stelle immer wieder fest, dass auch hier Krankheit ein Hauptthema ist.

In einer repräsentativen Umfrage nach den Wünschen der Deutschen (Readers' Digest 11/2007) rangierte der Wunsch nach Gesundheit mit Abstand an erster Stelle. Wir stellen also fest, dass Gesundheit für die Menschen eine sehr wichtige, zentrale Sache ist. Niemand wünscht sich krank zu sein, schon gar nicht pflegebedürftig.

Wenn Menschen zu uns in die Pflegeeinrichtung kommen, dann stellen wir häufig fest, dass die meisten sich weder mit dem Gedanken an eine Pflegebedürftigkeit auseinandergesetzt haben noch mit Gedanken an Heilung durch Gebet.

Mein Volk kommt um aus Mangel an Erkenntnis (Hosea 4,6a).

Keiner will pflegebedürftig werden. Nach rein objektiven Gesichtspunkten ist die Verhinderung von Pflegebedürftigkeit also eine Sache, die durchaus eine überdurchschnittliche „Betonung" vertragen kann.

Schauen wir uns noch einmal kompakt an, was die Bibel über Heilung sagt. Dabei ist es nicht relevant, wie wir die Bibel vom heutigen Wissensstand interpretieren, sondern wie das Thema Heilung in der Bibel bewertet wird.

HEILUNG IM ALTEN TESTAMENT

Schauen wir erst einmal ins Alte Testament: Die erste Heilung findet streng genommen sogar schon in der Schöpfungsgeschichte im zweiten Kapitel der Bibel statt:

Da ließ Gott, der HERR, einen tiefen Schlaf auf den Menschen fallen, sodass er einschlief. Und er nahm eine von seinen Rippen und verschloss ihre Stelle mit Fleisch (1. Mose 2,21).

Und Abraham betete zu Gott; und Gott heilte Abimelech und seine Frau und seine Mägde, sodass sie wieder Kinder gebaren (1. Mose 20,17).

Und er sprach: Wenn du willig auf die Stimme des HERRN, deines Gottes, hörst und tust, was in seinen

Augen recht ist, seinen Geboten gehorchst und all seine Ordnungen hältst, dann werde ich dir keine der Krankheiten auferlegen, die ich den Ägyptern auferlegt habe; denn ich bin der HERR, der dich heilt (2. Mose 15,26).

Hier lesen wir, dass Heilung auch Teil des alten Bundes war. Gott sagt sogar wörtlich: „Ich bin der Herr, *dein Arzt*." Das ist einer der Titel Gottes, auf hebräisch *Jahwe Rapha*. Gott betitelt sich selber als Arzt – und das vornehmste Anliegen eines Arztes ist die Heilung.

Und ihr sollt dem HERRN, eurem Gott, dienen: So wird er dein Brot und dein Wasser segnen, und ich werde alle Krankheit aus deiner Mitte entfernen (2. Mose 23,25).

Unter immerhin fast sechshunderttausend Israeliten (Frauen und Kinder nicht mitgezählt; siehe 2. Mose 12,37), die aus Ägypten auszogen und vierzig Jahre in der Wüste lebten, fand sich kein einziger Kranker.

Er führte sie heraus mit Silber und Gold; es war kein Gebrechlicher unter ihren Stämmen (Psalm 105,37, Luther 1984).

Hier einige weitere Stellen im AT zum Thema Heilung:

- Gott heilt Mirjam, weil Mose für sie für bittet (4. Mose 12,13–16).
- Gott heilt sein Volk von Schlangenbissen (4. Mose 21,4–9).
- Elia wirkt ein Wunder und reinigt eine verseuchte Wasserquelle (2. Könige 2,21–22).
- Gott heilt den König Hiskia von einer tödlichen Krankheit (2. Könige 20,1–11).
- David bittet Gott um Heilung (Psalm 6,3).

- David dankt Gott dafür, dass er ihn geheilt hat, als er zu ihm gebetet hat (Psalm 30,3).
- Gott heilt den, der sich der Armen annimmt (Psalm 41,1–4).
- Elifas erzählt Hiob von Gottes heilender Kraft (Hiob 5,18).
- Alle, die zum Herrn rufen, werden geheilt (Psalm 107,20).
- Gott heilt auch die Ägypter, wenn sie den Herrn erkennen (Jesaja 19,20).
- Gott heilt die Wunden seines Volkes (Jesaja 30,26).
- Hiskia besingt seine Heilung (Jesaja 38,9–20).
- Gott heilt sein Volk trotz dessen Ungehorsam (Jesaja 57,18–19).
- Jeremia betet um Gottes Heilung (Jeremia 17,14).
- Prophezeiung von Jeremia (Jeremia 33,6).

HEILUNG IM NEUEN TESTAMENT

Jesus hat sehr viel geheilt, das ist jedem klar. Aber wir wollen uns doch einige zentrale Bibelstellen anschauen:

Jesus aber rief und sprach: Wer an mich glaubt, der glaubt nicht an mich, sondern an den, der mich gesandt hat. Und wer mich sieht, der sieht den, der mich gesandt hat (Johannes 12,44–45).

Hier wird deutlich, dass Jesus den Willen Gottes repräsentiert. Und daran, dass er die Menschen körperlich heilt, können wir sehen, dass es Gottes Wille ist, dass Menschen geheilt werden.

Und er zog in ganz Galiläa umher, lehrte in ihren Synagogen und predigte das Evangelium des Reiches und heilte jede Krankheit und jedes Gebrechen unter dem Volk (Matthäus 4,23).

Und er ruft die Zwölf herbei; und er fing an, sie zu zwei und zwei auszusenden, und gab ihnen Vollmacht über die unreinen Geister. ... Und sie zogen aus und predigten, dass sie Buße tun sollten; und sie trieben viele Dämonen aus und salbten viele Schwache mit Öl und heilten sie (Markus 6,7.12–13).

Diesen Auftrag finden wir in drei von vier Evangelien. Auch daran können wir sehen, dass der Auftrag zur Heilung Gott sehr wichtig war – und ist. Nun stellt sich die Frage, ob Heilungen, wie die Bibel sie versteht, mit der Himmelfahrt Jesu aufgehört haben. Dazu gibt es viele Stellen im Neuen Testament, die gerade dieses wichtige Thema aufgreifen, das für Christen Realität sein sollte.

Es kam aber auch die Menge aus den Städten um Jerusalem zusammen, und sie brachten Kranke und von unreinen Geistern Geplagte, die alle geheilt wurden (Apostelgeschichte 5,16).

Wir stellen fest, dass körperliche Heilung zur Zeit der Bibel eine sehr große Rolle gespielt hat, egal ob im Alten oder im Neuen Testament, ob zu Jesu Lebzeiten oder nach seiner Himmelfahrt. Gott ist der, der er ist, und er hat sich nicht verändert. Wenn das so ist, dann heilt Gott heute genauso wie zu allen Zeiten.

Jede gute Gabe und jedes vollkommene Geschenk kommt von oben herab, von dem Vater der Lichter, bei dem keine Veränderung ist noch eines Wechsels Schatten (Jakobus 1,17).

Jesus Christus ist derselbe gestern und heute und in Ewigkeit (Hebräer 13,8).

Aus diesen Bibelstellen geht eindeutig hervor, dass Gottes Wort heute noch genauso Gültigkeit hat wie vor zweitausend Jahren, ganz egal, ob dies die Sünde betrifft oder Heilung oder was auch immer. Gott will, dass sein Wort heute noch beachtet und befolgt wird. Er sagt nicht heute „hü" und morgen „hott".

Leider wird Heilung in unseren heutigen Gemeinden so gut wie überhaupt nicht mehr erwähnt, geschweige denn erwartet. Dabei steht es doch geschrieben, dass es in Gottes Sinn ist, Kranken die Hände aufzulegen und daran zu glauben, dass es besser mit ihnen wird – so, wie er es uns verheißen hat: *Heilung ist Teil des Evangeliums.*

Das Wort Gottes fordert uns auf, aus der Vergebung und mit Jesus zu leben. Es fordert uns auf, alles, was uns krank machen will, am Kreuz abzulegen und dort Neues, Gutes, Befreiung und Heilung zu empfangen.

Fürwahr, er trug unsre Krankheit und lud auf sich unsre Schmerzen. Wir aber hielten ihn für den, der geplagt und von Gott geschlagen und gemartert wäre. Aber er ist um unsrer Missetat willen verwundet und um unsrer Sünde willen zerschlagen. Die Strafe liegt auf ihm, auf dass wir Frieden hätten, und durch seine Wunden sind wir geheilt (Jesaja 53,4–5, Luther).

GOTT WILL HEILEN.
Amen.

ANHANG

Hier einige fachlich qualitative Methoden zur Betreuung von Menschen mit Alterserkrankungen. Jede Therapie, jede Methode kann der Schöpfungsgeschichte zugeordnet werden. Menschen mit Demenz sind in hohem Maße von fremder Hilfe abhängig. Sie können ihre Interessen, Bedürfnisse und Rechte nicht mehr ausdrücken und wahrnehmen. Dies stellt hohe Anforderungen an die fachliche und menschliche Kompetenz der Helfenden.

Personenzentrierte Pflege. Der von dem britischen Psychologen Tom Kitwood entwickelte Ansatz der personenzentrierten Pflege stellt die Einzigartigkeit der Person in den Mittelpunkt. Der Erhalt und die Stärkung des Personseins ist oberstes Ziel in der Betreuung von Menschen mit Demenz.

Ziele: Dem Menschen mit Demenz soll durch die Gestaltung des Umfelds sowie durch therapeutische Maßnahmen ermöglicht werden, Person zu sein und als solche behandelt zu werden.

Validation ist eine Gesprächstechnik, die einen Zugang zur Erlebniswelt von Menschen mit Demenz ermöglicht. Die Kommunikation mit dem Demenzkranken findet weniger auf der Inhalts- als vielmehr auf der Beziehungsebene statt. Indem man „in die Schuhe" eines anderen Menschen schlüpft oder „mit seinen Augen" sieht, kann man in die Welt der alten, desorientierten Menschen vordringen und die Gründe für ihr manchmal seltsames Verhalten besser verstehen.

Ziele der Validation:

- Wiederherstellung des Selbstwertgefühls
- Reduktion von Stress
- Rechtfertigung des gelebten Lebens
- Lösen der unausgesprochenen Konflikte der Vergangenheit
- Reduktion chemischer und physischer Zwangsmittel
- Verbesserung der verbalen und nonverbalen Kommunikation
- Verhinderung eines Rückzugs in das Vegetieren
- Verbesserung der Bewegungsfähigkeit und körperliches Wohlbefinden

Die **erlebnisorientierte Pflege** basiert auf einem Konzept, das vom „Institut für mäeutische Entwicklung in der Pflegepraxis" in den neunziger Jahren für die Zielgruppe demenzkranker alter Menschen entwickelt wurde. Im Gegensatz zur Validation ist das Erleben des Menschen mit Demenz im Hier und Jetzt bedeutsam. Im mäeutischen Ansatz geht man davon aus, dass Demenzkranke nicht immer alle ihre Gefühle und dass nicht alle Betroffenen Ereignisse aus der Vergangenheit verarbeiten, die sie zuvor verdrängt hatten. Im Konzept wird das als „unvollendete Vergangenheit" bezeichnet und bedeutet, dass niemand alles verarbeiten kann, was ihm jemals widerfahren ist.

Ziele: In der erlebensorientierten Pflege nach dem mäeutischen Konzept ist der Kontakt und die Begegnung zwischen Pflegekraft und Bewohner Ausgangspunkt und Ziel.

Basale Stimulation. Dieses Konzept wurde in den 70er-Jahren vom Psychologen und Sonderpädagogen Andreas Fröhlich zur Frühförderung von schwerst- und mehrfachbehinderten Kindern entwickelt und in den 80er-Jahren von Christel Bienstein für die Pflege modifiziert und in sie integriert. Es dient der Förderung und Aktivierung schwerstbeeinträchtigter Menschen mit Bewegungs-, Kommunikations- und Wahrnehmungsstörungen. Insofern kommt Basale Stimulation auch bei der Pflege von Menschen mit Demenz zur Anwendung.

Durch die Basale Stimulation soll über eine gezielte Reizung der Sinne eine gestörte Wahrnehmung gefördert und aktiviert werden. „Es geht nicht so sehr um Reiz und Reaktion, sondern vielmehr um eine umfassende zwischenmenschliche Einladung, aktiv zu werden, sich zu öffnen, in eine Beziehung mit sich selbst, mit der Umwelt und mit anderen Menschen zu treten."

Das **Psychobiografische Modell** nach Erwin Böhm basiert auf einem „Reaktivierungsmodell", das an die teilweise verschütteten Fähigkeiten der Betroffenen anknüpfen will. Danach sollen Pflegende nicht alles für den zu Pflegenden übernehmen, sondern „mit der Hand in der Hosentasche" so Unterstützung anbieten, dass der Betroffene in die Lage versetzt wird, früher gewohnte und vertraute Tätigkeiten wieder selbst auszuführen. Grundvoraussetzung ist die Arbeit mit der Biografie des Betroffenen.

Durch die Kenntnis dieses psychobiografischen Hintergrundes des Lebens lassen sich demnach viele Verhaltensmuster von Menschen mit Demenz erklären. Die psychogeriatrische Pflege berücksichtigt alte Gewohnheiten und die persönliche Art, wie diese Menschen mit dem Leben fertig geworden sind.

Die **Reminiszenz-Therapie** ist eine von dem amerikanischen Psychiater Robert N. Butler in den 70er-Jahren entwickelte spezielle Form der Erinnerungsarbeit, bei der Lebenserinnerungen therapeutisch eingesetzt werden. Das Konzept „Life Review" ist eine strukturierte Form des Erinnerns.

Ziele: In der Lebensrückschau sollen intrapsychische Konflikte aus der Vergangenheit aufgearbeitet und soziale Rollen und das Selbstwertgefühl gestärkt werden. In der Aufarbeitung ungelöster Konflikte sieht Butler die Hauptaufgabe des Alters. Er beschreibt, dass Depressionen, Ängste oder Schuldgefühle durch die Lebensrückschau entstehen können und sieht deshalb die professionelle Begleitung als sehr wichtig an. Durch Aktivierung des Langzeitgedächtnisses wird eine Aufrechterhaltung der kognitiven Aktivitäten des Betroffenen angestrebt.

Erinnerungspflege. Der Begriff wurde in den Rahmenempfehlungen zum Umgang mit herausforderndem Verhalten bei Menschen mit Demenz in der stationären Altenhilfe gewählt. In der Erinnerungspflege wird die Biografie eines Menschen als ein essenzieller Bestandteil seiner eigenen Integrität gesehen und als solcher in der Pflege beachtet. Die Kenntnis der individuellen Lebenssituation und Vergangenheit eines Menschen mit Demenz stellt für die Pflegenden und Betreuenden eine Grundlage für die Gestaltung einer individuellen Betreuung dar, die auf der Basis einer wertschätzenden Grundhaltung erfolgen sollte. Erinnerungspflege soll zu einer Stärkung des Selbstwertgefühls beitragen und Situationen schaffen, die zum Austausch anregen. Menschen sollen die Möglichkeit erhalten, positiv auf ihr Leben zurückzublicken, Wissen und Erfahrungen weiterzugeben und ihre Identität aufrechterhalten zu können.

Zehn-Minuten-Aktivierung. Diese Methode wurde Anfang der 90er-Jahre entwickelt und wird seitdem in vielen Pflegeeinrichtungen praktiziert. Sie geht von den Erkenntnissen der Altersforschung aus, dass Menschen mit Demenz sich nur begrenzte Zeit konzentrieren können. In „Themenkästen" (z. B. zu Kochen, Werken, Obstgarten, Wäsche) werden zeittypische Utensilien angelegt und in einem „Aktivierungsschrank" aufbewahrt.

Die zu Betreuenden sollen dann die Gegenstände sehen, fühlen, riechen und ggf. schmecken. Dieses Hantieren wird durch die Pflegekraft verbal mit einfachen, klaren Fragen begleitet. Mit diesem Vorgehen eröffnet sich eine Chance, dass sich bei den Menschen mit Demenz eine Tür zu Fähigkeiten öffnet, die verborgen waren und wiedererweckt werden.

Es ist nicht immer eruierbar, was die Erinnerung bei den Dementen weckt, ob es die Farbe, der Geruch oder die Form des Gegenstandes ist. Entscheidend ist, dass sie dadurch wacher, aktiver und beweglicher werden können. In Praxisberichten wird beschrieben, dass die Aktivierungserfolge auch über die zehn Minuten hinaus anhalten, und dass beispielsweise Menschen mit Demenz danach selbstständiger essen können, da sie allgemein wacher sind. Grundlage dafür ist die regelmäßige Durchführung solcher Erinnerungsrunden. Im Vordergrund steht nicht immer ein bestimmtes „Therapieziel", vielmehr soll der Mensch mit Demenz Freude und Geborgenheit erleben.

Die Idee, **Tiere als Begleiter** des Menschen für gesundheitsfördernde Zwecke einzusetzen, ist nicht neu. Tiere nehmen oftmals eine wichtige Rolle in der Biografie eines Menschen ein. Zunehmend nutzen Pflegeheime die Erkenntnis, dass Tiere das Wohlbefinden ihrer Bewohner fördern können. Viele Menschen, die immer mit Haustieren gelebt haben, müssen sich jetzt beim Einzug in ein Pflegeheim von ihren geliebten Hunden oder Katzen nicht mehr trennen. Damit kann ihnen der Umzug in ein Pflegeheim erleichtert werden. Die vorliegenden Erkenntnisse führten dazu, dass die tiergestützte Therapie zunehmend in der Betreuung von Menschen mit Demenz eingesetzt wird.

Ziele: Förderung des Wohlbefindens und der Lebensqualität. Dabei sollen durch den Kontakt zu Tieren alle menschlichen Sinne angesprochen und Interaktionen von Pflegenden und Betreuenden zu den Betroffenen gefördert werden.

Snoezelen, von zwei Zivildienstleistenden in den Niederlanden als Freizeitaktivität in der Behindertenpflege entwickelt, wird seit Ende der 90er-Jahre auch im Altenpflegebereich und der Betreuung von Menschen mit Demenz eingesetzt. Beim Snoezelen soll eine sinnliche Aktivierung mit Entspannung verbunden werden. Snoezelen ist wie die Basale Stimulation eine Methode zur sensorischen Stimulation, wobei beim Snoezelen eher die Umgebungsgestaltung durch die Pflege ergänzt wird und die Wirkung sich auch ohne Anwesenheit von Pflegenden entfalten kann.

Ziele: Beim Snoezelen sollen durch sensorische Stimulierung in einer angenehmen Umgebung Entspannung und Sicherheit vermittelt und damit Vertrauen und Interaktion zwischen dem Dementen und der Pflegeperson gefördert werden. Dies soll zum Abbau aggressiver und autoaggressiver Verhaltensweisen führen und sensorischer Deprivation entgegenwirken sowie vor allem das Wohlbefinden der Menschen mit Demenz fördern.

Aromapflege kann auch ein wohltuender Weg sein, unnötige Medikamentengaben zu vermeiden, zum Beispiel bei Schlafproblemen und Unruhezuständen. Die Arbeit mit ätherischen Ölen ist nicht voraussetzungsfrei. Bei der Anwendung müssen hinsichtlich Dosierung, Verträglichkeit (allergische Reaktionen) und Wirkungsweise bestimmte Grundregeln beachtet werden.

Musik in der Pflege. Die Musiktherapie wird seit vielen Jahren in der Altenpflege eingesetzt. Der Musik werden neben ordnenden und strukturierenden Eigenschaften auch erinnerungsauslösende und bewegungsfördernde Effekte zugeschrieben. Musik als sprachunabhängige Ebene der Kommunikation soll unter anderem bei Sprachverlust infolge einer Demenzerkrankung zur Interaktion beitragen. Sie hat zum Ziel, die Identität des Menschen so lange wie möglich zu erhalten, den Demenzkranken emotional zu stabilisieren sowie Wachheit und Kontaktfähigkeit zu fördern.

ÜBERGABEGEBET

Sie sagen – beten – ganz einfach alleine oder vor einem guten Freund als Zeugen:

„Herr Jesus Christus, du Sohn Gottes, ich übergebe dir heute mein ganzes Leben, und ich nehme dich heute als den auferstandenen und siegreichen Herrn in mich auf. Sei du der Herr meines Lebens.

Ich übergebe dir auch, Herr Jesus, den ganzen Schrott meines bisherigen Lebens, alle meine Sünden, meine Lieblosigkeit, meine Zweifel, meine Probleme, meine Einsamkeit und meine ganze Unfähigkeit, ein guter Mensch zu sein und ein gutes und erfülltes Leben zu führen.

Herr Jesus, bitte vergib mir. Komm in mein Leben und hilf mir, in allen Lebensbereichen einen Neuanfang zu machen. Ich bitte dich, dass dies nicht nur Worte sind, sondern ich möchte dich und das neue Wesen und das neue Leben, das du schenkst, ganz real erfahren.

Ich erwarte deine lebensverändernde Kraft ganz besonders … (zum Beispiel in meiner Ehe und Familie

- an meiner Arbeitsstelle (evtl. eine neue Arbeitsstelle)
- in meinem Freundeskreis (evtl. neue Freunde)
- in meiner ausweglosen Situation
- in meiner nicht vorhandenen Lebensperspektive (ich möchte lernen, so zu leben, wie es dir gefällt und wie es gut für mich ist)

- in meinem ungeordneten Leben (bitte bringe es in deine Ordnungen und hilf mir dabei)
- in Bezug auf körperliche und seelische Heilung
- zur Befreiung von meinen Süchten."

Sie können die Liste beliebig fortsetzen. Sprechen Sie einfach mit Jesus wie mit einem Freund, der Sie nie enttäuschen wird.

Entnommen aus „Leben als Gewinner" von Christoph Häselbarth, ein Buch, das ich auch gerne weiterempfehle:

Christoph Häselbarth
Leben als Gewinner
Heil und Heilung zu bekommen ist einfach
120 Seiten, gebunden, Best.-Nr. 175628
Verlag Gottfried Bernard

Erhältlich in Ihrer Buchhandlung oder bei www.asaph.net